「自立活動の指導」のデザインと展開

悩みを成長につなげる 実践32

北川 貴章・安藤 隆男

編著

ジアース教育新社

まえがき

　インクルーシブ教育システムの構築が進む中、特別支援教育は対象とする障害のある子供の学ぶ場を拡充させて、その体制を整備してきました。障害のある子供の自立と社会参加を目指した指導が各教室で確実に行われるためにも、一人一人の教師が自己の実践と向き合いながらその成果と課題を整理し、授業の改善・充実に向けた取組に励むことが求められます。

　特に、特別支援学校の専門的な指導領域とされてきた自立活動は、平成29・30年に告示された小学校学習指導要領等の総則に、特別支援学級や通級による指導においても確実に取り組まれることが明記され、今後の我が国の特別支援教育の充実に欠かすことのできない指導領域になりました。

　しかし、自立活動の指導を担当する教師から、「どのように授業を計画・実施していけばよいか分からない」「指導方法や指導内容が子供の実態に合っているか不安」「どのように専門性を高めていけばよいのか」といった声を聞くことは少なくありません。

　このような、悩みや課題意識のある特別支援学校、特別支援学級、通級による指導を担当している先生方の自立活動の指導の充実の一助になればという思いから、本書を刊行することにしました。

　自立活動の指導は、各教科と異なり、学年ごとに指導すべき目標と内容が学習指導要領には示されていません。そのため、自立活動の指導は、子供一人一人の実態を把握し、指導目標・指導内容等を指導に当たる教師の裁量で決めていくことになります。ですから、授業をデザイン・実施・評価する各段階において、教師が悩むことは当然であり、決してマイナスなことではありません。しかし、どのように悩むか、悩みに対してどのように対応するかが重要です。本書は、多様な悩みに応え、その解決のための手掛かり（ヒント）となるよう、理論編と事例編で構成しました。

　自立活動の実践過程で生じる全ての悩みや、全国各地の教室で展開されている実践を満遍なく本書で紹介することは難しく、本書に掲載する事例はその一部にすぎません。まずは、ご自身の悩みや関心と近いところから読み進めていただくとともに、事例の校種や障害種、学部や学年などにこだわらず、授業実践の方法知や自己の専門性を高めるための手掛かりを学んでいただきたいと思います。

　最後に、手際の悪い編者をあたたかく見守っていただいた、ジアース教育新社の加藤勝博社長、編集部の市川千秋氏には、感謝申し上げます。

　　　　　　　　　　　　　　　　　　　　　　　　　令和元年9月
　　　　　　　　　　　　　　　　　　　　　　編者を代表して　北川　貴章

もくじ

まえがき

本書の活用の仕方 ……………………………………………………………… 8
「自立活動の指導」悩みリスト ……………………………………………… 10

第1章 |理論編| 自立活動を理解する

第1節 特別支援教育の動向と自立活動について ……………………… 14

1. 障害者の権利に関する条約とインクルーシブ教育 ……………………… 14
2. 特殊教育から特別支援教育へ ……………………………………………… 14
3. 就学先を決定する仕組みの改正 …………………………………………… 15
4. 特別支援学級と通級による指導の現状 …………………………………… 15
5. 小学校・中学校・高等学校学習指導要領の改訂①
   ～「自立活動」が明記～ ……………………………………………… 16
6. 小学校・中学校・高等学校学習指導要領の改訂②
   ～学習活動を行う場合に生じる困難さへの対応について～ ……… 16
7. 特別支援学校の現状と特別支援学校学習指導要領の改訂 …………… 17

第2節 自立活動の理念 ……………………………………………………… 20
1. 自立活動とは ………………………………………………………………… 20

第3節 自立活動の教育課程の位置付けと指導の進め方 ……………… 25
1. 法令からみた自立活動の位置付け ………………………………………… 25
2. 自立活動の目標 ……………………………………………………………… 25
3. 実態把握と指導目標・指導内容の設定について ………………………… 27
4. 授業デザインと指導内容・指導方法の創意工夫 ………………………… 28
5. 指導時間 ……………………………………………………………………… 29
6. 指導形態 ……………………………………………………………………… 29
7. 総則における自立活動 ～学校教育全体を通じて行うこととは～ …… 30

8．重複障害者等の規定の解釈について ……………………………………… 30
　9．個別の指導計画の作成 ……………………………………………………… 31
　10．特別支援学級や通級による指導の教育課程と自立活動 ………………… 32

第4節　自立活動の授業と教師の成長 …………………………………… 34
　1．教師の成長とは ……………………………………………………………… 34
　2．自立活動の領域の特性 ……………………………………………………… 35
　3．自立活動の授業における教師の成長 ……………………………………… 36

コラム　自立活動の指導に悩む先生方へ①
　　　　学ぶチャンスが来たら踏み出そう！ ………………………………… 38

コラム　自立活動の指導に悩む先生方へ②
　　　　迷ってもよい ……………………………………………………………… 39

第2章　｜実践編｜事例から学ぶ自立活動の指導

事例1　カード整理法を活用した実態把握 …………………………………… 42
事例2　個別の指導計画とチーム・アプローチを支える会議設定 ………… 46
事例3　チーム・ティーチングの授業改善 …………………………………… 50
事例4　主体的な作業学習を支える自立活動の指導とは …………………… 54
事例5　教科の学びを支える自立活動の指導とは …………………………… 58
事例6　日常生活の指導（食事）に生かす自立活動の指導とは …………… 62
事例7　身体の動きを介して、対人関係・コミュニケーションを育む …… 66
事例8　発達の諸側面に影響を及ぼす座位姿勢の安定を図る ……………… 70
事例9　子供の気になる日常生活動作や姿勢の分析と指導への展開 ……… 74
事例10　ICTを活用し、各教科等の指導につなげる ………………………… 78
事例11　自傷や他害の背景を読み解き、行動の安定を目指す ……………… 82
事例12　「線の指導」による排泄の行動形成を目指す ……………………… 86
事例13　身体を触れられることが苦手な子供にどう触れるか ……………… 90

事例 14	ティームを活用した個別の指導計画の作成と授業の実施・評価	94
事例 15	自立につながる一人での登下校を目指す	98
事例 16	覚醒レベルが低い子供の初期感覚の機能を高めるために	102
事例 17	見る力の伸長による情報処理の向上	106
事例 18	子供の自己評価を生かす指導と評価の工夫	110
事例 19	重度重複障害のある子供の意思表出を促す関わり	114
事例 20	限られた環境における訪問教育の自立活動とは	118
事例 21	コミュニケーションの指導を通して摂食機能を高める	122
事例 22	就学前の教育相談を自立活動の視点でつなぐ	126
事例 23	盲ろうの子供のコミュニケーションを豊かにする	130
事例 24	吃音に悩む子供の支援体制づくりと通級担当教師の役割	134
事例 25	言語通級担当教師の専門性を確保するために	138
事例 26	自立活動の視点を生かした教育相談	142
事例 27	知的障害教育で培った専門性を活用した聴覚障害児への指導	146
事例 28	自信を失っている子供の主体的な学びを育む指導	150
事例 29	子供の強みを生かした指導	154
事例 30	当該学年相応の学習が可能な広汎性発達障害児の指導	158
事例 31	読み書きが困難な子供の指導	162
事例 32	気づきにくい困難さに向き合い、自己理解を深める指導	166

コラム　自立活動の指導に悩む先生方へ③
　　自立活動の研修に関する情報提供 ―茨城県の取組― ……… 170

コラム　自立活動の指導に悩む先生方へ④
　　自立活動に関する研究の紹介 ……… 172

キーワード索引 ……… 174

あとがき

編著・編集協力・執筆者一覧

●本書の活用の仕方●

本書は理論編と実践編で構成されています。最初のページから順番に読み進めていただく方法もありますが、本書を有効に活用していただくための4つの手掛かりをご紹介します。

1　自立活動の考え方を確認してから事例を探す

　本書を手にとられた方の中には、「そもそも自立活動とは何？」といった理念や意義を理解したい方もいらっしゃるかと思います。
　まずはご自身の確認したい自立活動の理念や概念について理論編で確認してから、実践編の事例を読み進めてみてください。
　⇒　5ページ【もくじ】へ

2　興味・関心から事例を探す

　実践編の事例のタイトルをご覧いただき、ご自身の興味・関心のある内容から読み進めてみてください。
　⇒　6ページ【もくじ】へ

3　具体的な悩みを手掛かりに事例を探す

　自立活動の実践の過程で生じると思われる主な悩みを取り上げました。ご自身が抱いている悩みに近い内容を【「自立活動の指導」悩みリスト】から探してください。悩みの解決につながる事例を複数紹介していますので、まずはその該当事例から読み進めてみてください。
　⇒　10ページ【「自立活動の指導」悩みリスト】へ

4 キーワード（索引）を手掛かりに事例を探す

ご自身の関心のあるキーワードを【キーワード索引】から探していただき、該当する事例から読み進めてみてください。

⇒　174 ページ【キーワード索引】へ

補　足 ・・・・・・・・・・・・・・・・・・・・・・・・・・・・・・・・・・・・・

① 自立活動の理念や意義は、校種や学部、学年等を問わず、普遍的で共通のものです。本書では、主に特別支援学校小学部・中学部学習指導要領の規定に基づき解説しています。読者にあっては、必要に応じて幼稚部教育要領、特別支援学校高等部学習指導要領、小学校学習指導要領等を参照の上、理解を深めてください。

② 第2章　実践編の32事例は、執筆者の過去の指導実践に基づいてまとめたものです。

③ 自立活動の指導は、基本的に「養護・訓練」の理念を継承しており、授業をデザイン・実施・評価する一連のプロセスの本質は変わりません。多様な実践事例から読者の学びを深めていただくために、一部、養護・訓練の指導実践も掲載しています。

・・

「自立活動の指導」悩みリスト

（　）内の数字は掲載ページ

悩み1	特別支援教育の充実に向けて、なぜ自立活動に着目するのでしょうか。	⇒	第1節(14)
悩み2	そもそも自立活動とはどのような領域で、どのような力を育むのでしょうか。	⇒	第2節(20)　第3節(25)
悩み3	なぜ養護・訓練から自立活動へと変わったのでしょうか。	⇒	第2節(20)
悩み4	自立活動の指導において、なぜ個別の指導計画が必要なのでしょうか。	⇒	第2節(20)　第3節(25)
悩み5	自立活動の指導は、なぜ時間における指導と学校教育全体を通じて行う指導が必要なのでしょうか。	⇒	第3節(25)
悩み6	通級による指導は、なぜ通級指導教室と在籍学級の連携が不可欠なのでしょうか。	⇒	第1節(14)　第3節(25)
悩み7	自立活動の指導に関する専門性を高めるためには、どのようにすればよいのでしょうか。	⇒	第4節(34)
悩み8	複数の教職員と連携して自立活動の個別の指導計画を作成するには、どのようにすればよいのでしょうか。	⇒	事例1(42)　事例2(46)　事例3(50)　事例25(138)
悩み9	保護者や医療・福祉等の関係機関と連携して自立活動の個別の指導計画を作成するには、どのようにすればよいのでしょうか。	⇒	事例14(94)　事例20(118)　事例22(126)　事例24(134)　事例25(138)　事例26(142)　事例27(146)　事例32(166)
悩み10	子供の困難の背景にある要因を、どのように見極めたらよいのでしょうか。	⇒	事例1(42)　事例5(58)　事例7(66)　事例9(74)　事例11(82)　事例15(98)　事例31(162)　事例32(166)
悩み11	自立活動の個別の指導計画の作成は、どのように行えばよいのでしょうか。	⇒	事例1(42)　事例2(46)　事例14(94)
悩み12	自立活動の指導におけるティーム・ティーチングは、どのように行えばよいのでしょうか。	⇒	事例2(46)　事例3(50)　事例4(54)　事例19(114)
悩み13	自立活動の指導と各教科等の指導等を、どのように関連付ければよいのでしょうか。	⇒	事例4(54)　事例5(58)　事例6(62)　事例10(78)　事例21(122)　事例29(154)　事例30(158)
悩み14	障害種によって、指導内容や指導方法は決まっているのでしょうか。	⇒	事例4(54)　事例6(62)　事例7(66)　事例8(70)　事例17(106)　事例21(122)　事例23(130)　事例27(146)
悩み15	自立活動の指導に当たって、どのように発達の道筋をおさえればよいのでしょうか。	⇒	事例7(66)　事例8(70)　事例16(102)　事例17(106)　事例19(114)　事例23(130)

悩み16	学習指導要領に示された自立活動の区分や内容を、どのように関連付ければよいのでしょうか。	事例5 (58)	事例7 (66)	事例8 (70)	事例13 (90)	事例29 (154)
悩み17	あらかじめ決められた指導内容や指導方法がありますが、子供の主体的な学びが実現できているのか不安です。	事例6 (62)	事例11 (82)	事例12 (86)	事例21 (122)	事例30 (158)
悩み18	重度重複障害の子供の実態把握を行う際に、何を手掛かりに行えばよいのでしょうか。	事例8 (70) 事例19 (114)	事例11 (82) 事例23 (130)	事例12 (86)	事例14 (94)	事例16 (102)
悩み19	ICT機器や教材・教具を工夫する上で、自立活動の指導の視点からおさえるべきポイントが分かりません。	事例10 (78)	事例20 (118)	事例22 (126)		
悩み20	日常生活動作の獲得に向けて、自立活動の指導と日常生活場面を、どのように関連付けて指導すればよいのでしょうか。	事例6 (62) 事例18 (110)	事例9 (74) 事例21 (122)	事例12 (86)	事例15 (98)	事例16 (102)
悩み21	子供が指導に対して消極的・拒否的で、なかなか主体的な取組へと発展しません。	事例9 (74)	事例13 (90)	事例17 (106)	事例18 (110)	事例28 (150)
悩み22	心身の状態が不安定な子供の自立活動の指導は、どのように行えばよいのでしょうか。	事例11 (82) 事例23 (130)	事例13 (90) 事例26 (142)	事例14 (94) 事例30 (158)	事例16 (102) 事例32 (166)	事例20 (118)
悩み23	通級による指導を在籍学級の指導に生かすには、どのようにすればよいのでしょうか。	事例24 (134)	事例25 (138)	事例26 (142)	事例28 (150)	事例31 (162)
悩み24	自立活動の指導に関する校内研修は、どのように企画・実施すればよいのでしょうか。	事例1 (42)	事例3 (50)	事例25 (138)	事例27 (146)	
悩み25	子供の願いや得意な面を生かした指導は、どのように考えればよいのでしょうか。	事例9 (74) 事例29 (154)	事例15 (98) 事例32 (166)	事例17 (106)	事例18 (110)	事例28 (150)
悩み26	通級による指導における効果的な指導は、どのように考えればよいのでしょうか。	事例24 (134)	事例28 (150)	事例31 (162)		
悩み27	教科学習における困難さに対して、どのような手立て・配慮を考えればよいのでしょうか。	事例5 (58)	事例10 (78)	事例15 (98)	事例30 (158)	事例31 (162)
悩み28	授業に関わる教師間で連携した自立活動の指導は、どのように行えばよいのでしょうか。	事例3 (50)	事例4 (54)	事例13 (90)	事例27 (146)	
悩み29	医療的な配慮が必要な子供の指導は、どのように考えればよいのでしょうか。	事例19 (114)	事例20 (118)			
悩み30	教育相談や地域支援の際に、自立活動の視点をどのように生かせばよいのでしょうか。	事例22 (126)	事例24 (134)	事例26 (142)		

第1章
理論編

自立活動を理解する

1 特別支援教育の動向と自立活動について

1．障害者の権利に関する条約とインクルーシブ教育

　共生社会の形成に向けて、障害者の権利に関する条約に基づくインクルーシブ教育システムの理念が重要とされています。インクルーシブ教育においては、障害のある者と障害のない者ができるだけ同じ場で共に学ぶことを追求するとともに、個別の教育的ニーズのある子供に対して、自立と社会参加を見据えて、本人と保護者の希望を最大限尊重しながら、その時点で教育的ニーズに最も的確に応える指導を提供できる、多様で柔軟な仕組みの整備が進められています。そして、障害のある子供たちの学びの場は、通常の学級、通級による指導、特別支援学級、特別支援学校といった、連続性のある「多様な学びの場」へと拡充した今、全ての学校において、障害のある子供の指導の充実に向けた確かな実践に期待が寄せられています。

　本節では、特別支援学校の専門的な指導領域として発展してきた自立活動に着目し、インクルーシブ教育システムの発展とともに、多様な学びの場で着実に展開していくことが求められ、これまで特別支援学校の培ってきた自立活動の指導に関するノウハウを見直す時代に突入したことを確認していきます。

2．特殊教育から特別支援教育へ

　我が国の障害児教育に関する歴史を振り返ってみると、昭和54年4月1日から養護学校教育義務制が実施され、それまで就学が猶予又は免除されていた児童生徒が全員就学するようになりました。

　「今後の特別支援教育の在り方について（最終報告）」では、特殊教育は、障害の種類や程度に対応して、学ぶ場を整備し、個に応じた指導を行い、「障害の状態等に応じた弾力的な教育的対応にも配慮しつつ、障害のある児童生徒の教育の機会の確保のために重要な役割を果たしてきた。また、この間、盲・聾・養護学校等において、障害の種類や程度に対応した教育上の経験、ノウハウ等の蓄積、障害に対応した施設や設備の整備等の条件整備が進められるなどにより、障害のある児童生徒の教育の基盤整備については、全ての子どもの学習機会を保障するとの視点から、量的な面において概ねナショナルミニマムは達成されているとみることができる。」と記されています。

　そして、我が国は平成19年4月1日に特殊教育から特別支援教育へと舵をきりました。特別支援教育は、障害のある子供の自立や社会参加に向けた主体的な取組を支援するという視点に立ち、子供一人一人の教育的ニーズを把握し、その持てる力を高め、生活や学習上の困難を改善又は克服するため、適切な指導及び必要な支援を行うものであると定義されました。

　特別支援教育は、これまでの特殊教育の対象の障害だけでなく、知的な遅れのない発達

障害も含めて、特別な支援を必要とする子供が在籍する全ての学校において実施されるものと明記され、インクルーシブ教育の充実に向けた体制を整え始めました。

3．就学先を決定する仕組みの改正

　従来、学校教育法施行令第22条の3に該当する障害の程度の子供は、特別支援学校への就学が原則となっていました。そして、小・中学校に就学を希望する場合は、施設設備も整っている等の特別の事情がある場合には、例外的に特別支援学校ではなく認定就学者として小・中学校へ就学することが可能とされていました。

　インクルーシブ教育システムの構築が進む中、可能な限り障害のある子供と障害のない子供が共に学べるよう、平成25年9月1日に就学に関する手続きが改正されました。これにより学校教育法施行令第22条の3に該当する障害の程度の子供は、原則、特別支援学校に就学するという考えを改め、本人・保護者の希望を最大限尊重しながら小・中学校又は特別支援学校のいずれかを判断・決定する仕組みに改正されました。

　また、特別支援学校と小・中学校間の転学について、子供の障害の状態の変化のみならず、教育上必要な支援の内容、地域における教育の体制の整備の状況、その他の事情の変化によっても柔軟な転学の実施に向けて検討できる規定の整備が行われました。

　政府が講ずる障害者のための施策の基本的な計画である、障害者基本計画～第4次～（平成30年3月）でも、「障害により特別な支援を必要とする幼児児童生徒は、全ての学校、全ての学級に在籍することを前提に、全ての学校における特別支援教育の体制の整備を促すとともに、最新の知見も踏まえながら、管理職を含む全ての教職員が障害に対する理解や特別支援教育に係る専門性を深める取組を推進する。」とされています。

　このようなことから障害のある子供の学ぶ場が多様になり、小・中学校等に障害のある子供が在籍することが特別な状況ではなくなったといえます。

4．特別支援学級と通級による指導の現状

　特別支援学級に在籍する児童生徒数の推移をみると、平成19年113,377人、平成29年236,123人でした。この10年間で、特別支援学級に在籍する児童生徒数がおよそ2倍に増えていることが分かります（表1）。障害種に着目してみると、自閉症・情緒障害学級がおよそ4倍となっています。

　また、小学校や中学校で通級による指導を受ける児童生徒も増加してきています。表2は通級による指導を受けている児童生徒数を表したものです。通級による指導の制度がスタートした平成5年と比べるとおよそ9倍、また発達障害も対象になった平成18年度と

表1　小・中学校特別支援学級在籍者数の推移　－国・公・私立計－　　　　（人）

年度	2005 (H17)	2006 (H18)	2007 (H19)	2008 (H20)	中略	2013 (H25)	2014 (H26)	2015 (H27)	2016 (H28)	2017 (H29)
人数	96,811	104,544	113,377	124,166		174,881	187,100	201,493	218,127	236,123

表2　通級による指導を受けている児童生徒数の推移 －公立小・中学校－　　（人）

年度	1993 (H5)	中略	2006 (H18)	2007 (H19)	2008 (H20)	中略	2013 (H25)	2014 (H26)	2015 (H27)	2016 (H28)	2017 (H29)
人数	12,259		41,448	45,240	49,685		77,882	83,750	9,0105	98,311	108,946

比べてもおよそ2.6倍となっています。

　平成30年4月1日より、高等学校の通級による指導が開始されました。これにより、小・中学校時代に通級による指導を受けていた児童生徒のうち、継続して高等学校でも通級による指導が必要な子供や、新たに通級による指導を必要とする子供たちのニーズに応える体制が整い、小・中学校等からの学びの連続性をより一層確保することにつながりました。

5．小学校・中学校・高等学校学習指導要領の改訂① 〜「自立活動」が明記〜

　平成29年に幼稚園教育要領、小学校学習指導要領、中学校学習指導要領、特別支援学校幼稚部教育要領、特別支援学校小学部・中学部学習指導要領が、平成30年に高等学校学習指導要領、平成31年に特別支援学校高等部学習指導要領が改訂され告示されました。改訂内容をみると、小学校・中学校・高等学校学習指導要領の特別支援教育に関する記載内容が充実しました。その中で注目すべき事項の一つとして、総則部分に「自立活動」という言葉が明記されたことがあります。

　自立活動は、学校教育法第72条の特別支援教育の目的規定を受けて設けられている指導領域であり、目標及び内容は特別支援学校の学習指導要領のみに記されています。そして特別支援学級や通級による指導においては、法令により特別の教育課程を編成し、特別支援学校学習指導要領を参考にしながら自立活動の指導が実践されてきました。しかし、今回改めて小・中学校等の学習指導要領の特別支援学級や通級による指導の教育課程に関する規定部分に「自立活動」が明記されたことは、特別支援学級及び通級による指導の充実に向けて自立活動の指導が欠かせないことを意味しているといえます。

　特別支援学校の教師や特別支援学級の担任、通級による指導の担当者はもちろんですが、通級による指導の対象者が増える現状においては、通級による指導を受ける児童生徒が在籍する学級の担任や教科担当者も自立活動の指導を理解し、日々の指導につなげていくことが特別支援教育の充実に向けて必要不可欠であり、全ての教職員が自立活動の理解を求められる時代になったといえます。

6．小学校・中学校・高等学校学習指導要領の改訂② 〜学習活動を行う場合に生じる困難さへの対応について〜

　小・中・高等学校の通常の学級においても、発達障害を含む障害のある子供が在籍している可能性がどの学校・学級にもあることを前提とし、全ての教科等において、一人一人の教育的ニーズに応じたきめ細かな指導が支援できるよう、小学校・中学校・高等学校の学習指導要領に以下のことがそれぞれ明記されました（小学校を例示）。

> 【小学校学習指導要領】
> 第1章　総則　第4-2　特別な配慮を必要とする児童への指導
> （1）障害のある児童などへの指導
> 　ア　障害のある児童などについては，特別支援学校等の助言又は援助を活用しつつ，個々の児童の障害の状態等に応じた指導内容や指導方法の工夫を組織的かつ計画的に行うものとする。
> **各教科等の「指導計画の作成と内容の取扱い」部分**
> 　　障害のある児童などについては，学習活動を行う場合に生じる困難さに応じた指導内容や指導方法の工夫を計画的，組織的に行うこと。

　そして、各教科等の学習指導要領の解説には、各教科等の学びの過程において考えられる困難さに対する指導の工夫の意図、手立ての例を示しました。当然全ての困難さを例示することは難しいため、指導に当たる教師は、例示を参考にしながら子供の実態を把握し、指導内容や指導方法を考える手続きは欠かせません。では、具体的な手続きは、どのようにすればよいのでしょうか。

　特別支援学校学習指導要領解説自立活動編には、小学校又は中学校等の通常の学級に在籍している子供の中には、通級による指導の対象とはならないが、障害による学習上又は生活上の困難の改善・克服を目的とした指導が必要となる者もいる現状をおさえ、自立活動の解説に示した内容を参考にして子供の学習上又は生活上の困難さを明らかにし、個別の教育支援計画や個別の指導計画を作成するなどして、必要な支援を考えていくことが望まれると記されています。

　このことからも各学校で障害のある子供の教科指導場面で見られる困難さを理解し、手立てや配慮を具体的に検討する際には、自立活動の指導プロセスを参考にしていくことがポイントになります。

7．特別支援学校の現状と特別支援学校学習指導要領の改訂

　特別支援学校に在籍する子供の障害の重度・重複化、多様化が課題として挙がっています。特別支援学校小・中学部重複障害学級に在籍する子供は、表3の通りです。人数の推移としては大きな変化は見られませんが、近年では、おおよそ25,900人前後で推移しており、重複障害のある子供が一定数在籍していることが分かります。

表3　特別支援学校小・中学部重複障害学級在籍数の推移－国・公・私立計－　　（人）

年度	2006 (H18)	2007 (H19)	2008 (H20)	中略	2013 (H25)	2014 (H26)	2015 (H27)	2016 (H28)	2017 (H29)
人数	24,092	24,785	24,819		25,679	25,896	25,998	25,920	25,795

　重複障害学級に在籍する子供の中には、一般的な発達をベースに目標や内容が体系化された各教科だけの学習では、生きる力を十分に育むことが難しい者が在籍していることが

予想されます。

　特別支援学校の学習指導要領では、障害が重度・重複化、多様化した子供たちの実態に合わせた教育課程を編成できるよう、次のような規定が設けられています。この規定により、各教科等に替えて自立活動を主として指導することが可能となっており、子供たちの人間として調和のとれた育成を目指し、各教科等のほかに、調和的発達の基盤を培う自立活動の指導が重要な役割を担っています。

【特別支援学校小学部・中学部学習指導要領】
第1章　総則　第8節　重複障害者等に関する教育課程の取扱い
　4　重複障害者のうち，障害の状態により特に必要がある場合には，各教科，道徳科，外国語活動若しくは特別活動の目標及び内容に関する事項の一部又は各教科，外国語活動若しくは総合的な学習の時間に替えて，自立活動を主として指導を行うことができるものとする。
※特別支援学校高等部学習指導要領にも同様の規定あり。

　平成29・31年に改訂された特別支援学校学習指導要領に着目してみると、自立活動に関する改訂事項としては、内容の追加や一部変更、指導すべき課題の明確化が明記されたことなどが挙げられますが、基本的にこれまでの理念が継承され大きな変更点はありませんでした。

　一方、知的障害者である児童生徒に対する教育を行う特別支援学校の各教科（以下、知的障害の各教科）については、小・中学校等の学習指導要領と同様に、育成を目指す資質・能力の3つの柱で目標と内容が整理されるとともに、小学校等の各教科の目標・内容との連続性・関連性を踏まえて整理がされました。それにより、これまで大綱的な表記に留まっていた知的障害の各教科の目標や内容は、発達の初期段階の目標や内容部分も含め詳細な記述になりました。

　このような現状の中、発達が初期段階の子供に対して、各教科で指導を行うべきか自立活動の指導を主にして行うべきか判断に迷うという声を聞きます。各教科等に替えて自立活動を主として行うかは、目の前にいる子供たちの実態に合わせて各学校の裁量によって決める事項であり、社会に開かれた教育課程の実現が求められる今、各学校がその根拠を丁寧に説明することが大切になります。

　重複障害児の指導においては、一般的な発達をベースにした指導目標や指導内容、指導方法だけではその成果は難しく、創意工夫のある授業実践が求められます。そのため、いずれの指導においても、個々の子供の実態を把握し、なぜそのような指導をそのような方法で行うか追究し、エビデンスに基づいた指導の計画と評価を行うことは欠かせません。そして、各教科や領域の指導では解決できない障害による学習上又は生活上の困難を指導として取り扱うのが自立活動の指導であり、自立活動の指導を抜きにして特別支援学校の各教科等の指導は考えられません。

　各学校が在籍する子供の実態に合った教育課程を編成し、生きる力を育むためにも、各教科と自立活動の関係を各教師が理解して実践することは大切になります。

また、本節で確認してきたように、これまで特別支援学校の専門的な指導領域として展開されてきた自立活動の指導は、多様な学びの場における障害のある子供たちの指導を充実するため、その指導のノウハウや成果についてより多くの人が注目する時代になってきました。

　そのような中、平成29・30年の学習指導要領の改訂に当たり、中央教育審議会教育課程部会特別支援教育部会における審議の取りまとめについて（報告）で、特別支援学校の自立活動の現状について、次のように指摘されています。

「現行の特別支援学校学習指導要領等には、自立活動の内容として、個々の子供に設定される指導内容の代表的な要素、①人間としての基本的な行動を遂行するために必要な要素、②障害による学習上又は生活上の困難を整理するために必要な要素を6区分26項目に分類して示している。これらの大綱的に示された内容のみからは具体的な指導内容がイメージしにくいことから、現行の学習指導要領等においては指導計画作成の手順等を示しているが、実態把握、指導目標（ねらい）の設定、指導項目の選定、具体的な指導内容の設定といった各プロセスのつながりについての解説が少なく、教員の理解に十分結びついていないという指摘がある。また、子供たちの実態把握から導かれた指導目標と到達状況が乖離しているといった事例も指摘されている。」

　この指摘を真摯に受け止めて、自立活動の指導の改善と充実を図るためには、各教師が自己研鑽に努め、各教室で実践している自立活動の指導が、個々の子供の実態を踏まえたエビデンスに基づく確かな実践へと変革していくことが大切です。

【引用・参考文献】
安藤隆男（2017）インクルーシブ教育システムにおける自立活動の意義と展開．月刊実践障害児教育，8，40-45．
文部科学省（2017）小学校学習指導要領．東洋館出版社．
文部科学省（2017）中学校学習指導要領．東山書房．
文部科学省（2017）特別支援学校幼稚部教育要領小学部・中学部学習指導要領．海文堂出版．
文部科学省（2018）高等学校学習指導要領．東山書房．
文部科学省（2018）特別支援学校教育要領・学習指導要領解説自立活動編（幼稚部・小学部・中学部）．開隆堂出版．
文部科学省（2018）特別支援教育資料（平成29年度）．

2 自立活動の理念

1．自立活動とは

　我が国では、全国の子供たちが一定水準の教育を受けられるようにするために、学習指導要領に示された国の基準に基づいて、各学校が教育課程を編成して展開されます。小・中学校等の学習指導要領に示されている各教科等の目標及び内容は、子供の一般的な心身の発達段階等に即して選定及び配列されています。そして、小・中学校等の教育は、学習指導要領に示された規定に基づいて、子供の生活年齢に即して系統的・段階的に進められ、生きる力を育み、人間として調和のとれた育成を目指します。

　しかし、障害のある子供の場合、障害によって日常生活や学習場面で様々なつまずきや困難が生じる場合が往々にしてあります。そのつまずきや困難の状況や程度は個々によって異なりますが、学校が提供する教育活動を実施するために、必要に応じて施設・設備の改善、各教科の教材・教具及び指導方法の工夫等の対応が図られます。しかし、障害のある子供の生きる力を育み、自立と社会参加を目指すためには、心身の発達段階だけを考慮した指導や、子供の実態に合わせて環境や手立てを工夫するだけでは十分とはいえません。

　下記に示された各学校段階の目的のうち、特別支援学校の目的が示されている学校教育

【学校教育法】

第22条
　幼稚園は、義務教育及びその後の教育の基礎を培うものとして、幼児を保育し、幼児の健やかな成長のために適当な環境を与えて、その心身の発達を助長することを目的とする。

第29条
　小学校は、心身の発達に応じて、義務教育として行われる普通教育のうち基礎的なものを施すことを目的とする。

第45条
　中学校は、小学校における教育の基礎の上に、心身の発達に応じて、義務教育として行われる普通教育を施すことを目的とする。

第50条
　高等学校は、中学校における教育の基礎の上に、心身の発達及び進路に応じて、高度な普通教育及び専門教育を施すことを目的とする。

第72条
　特別支援学校は、視覚障害者、聴覚障害者、知的障害者、肢体不自由者又は病弱者（身体虚弱者を含む。以下同じ。）に対して、幼稚園、小学校、中学校又は高等学校に準ずる教育を施すとともに、<u>障害による学習上又は生活上の困難を克服し自立を図るために必要な知識技能を授けること</u>を目的とする。

（下線は筆者加筆）

法第72条に着目してみると、特別支援学校の目的だけが二段階に分けて示されていることが分かります。前段部分は、「準ずる教育を施す」と記されています。法令上、準ずるとは「同じ」という意味になりますので、まず特別支援学校では、幼稚園、小学校、中学校、高等学校の目的を達成することが求められることになります。そして、下線を引いた後段部分に着目してみると、この文言は、幼稚園、小学校、中学校、高等学校の目的には記されていません。特別支援学校ならではの目的になります。そして、この目的を達成させるために設けられる領域が、自立活動になります。

（1）自立活動の前身である養護・訓練の成立

　障害のある子供たちの学校教育の歴史を見てみると、自立活動の領域がはじめから教育課程に位置付けられていたわけではありません。自立活動という名称の前は「養護・訓練」という名称でした。養護・訓練は、昭和46年の学習指導要領改訂時にはじめて法令の下、領域として教育課程に位置付けられました。そして、養護・訓練成立前の障害の状態を改善・克服するための指導は、障害のある子供の教育の大切な指導内容とされながらも、各教科等の指導の中で部分的な取組であることが多く、系統的・継続的な指導には至っていませんでした（文部科学省, 2018）。

　例えば盲学校においては、歩行訓練を「体育」に、感覚訓練を「理科」に、聾学校においては、聴能訓練を「国語」と「律唱」に、言語指導を「国語」に、肢体不自由養護学校小学部の「体育・機能訓練」（中学部は「保健体育・機能訓練」）、病弱養護学校小学部の「養護・体育」（中学部は「養護・保健体育」）等において行われていました。

　しかし、在籍する子供の障害の多様化や重複化などを踏まえ障害を対象とした指導だけではなく、二次的障害を含め、心身の機能を総合的に改善することの必要性を踏まえ、昭和46年の学習指導要領の改訂において盲学校、聾学校及び養護学校共通に「養護・訓練」が特別の領域として設けられました。

（2）養護・訓練から自立活動へ

　養護・訓練の成立後、「国際障害者年」、「国連・障害者の十年」、「アジア太平洋障害者の十年」などの国際的に障害者に対する取組が進められ、障害者の自立が従前よりも広く捉えられるようになってきました。平成5年には、障害者基本法の改正が行われ、障害のある人々を取り巻く社会環境や障害者についての考え方に大きな変化が見られるようになりました（文部科学省, 2018）。各学校で養護・訓練の実践が着実に積み重ねられてきていましたが、その理念や役割を各学校・教師がより正しく認識し、確かな実践へと発展させるためにも改善が必要となり、平成11年の学習指導要領の改訂において、養護・訓練の理念を継承しつつ、障害者施策を巡る国内外の動向を踏まえながら自立活動へと改められました。その後も理念を継承しながら、平成21年、平成29年（高等部は平成31年）の学習指導要領の改訂に合わせて自立活動の改訂も行われてきました。自立活動の理解を深めるためには、過去の改訂の経緯と併せて理解することで深まります。

① 名称について

　養護・訓練も児童生徒の主体的な活動という理念でした。しかし、教師と児童生徒の関係を、訓練者と被訓練者の構図、あるいは教師による他動的な活動ととらわれがちである

ことが指摘されていました（安藤，2001）。「養護」も「訓練」も受け身的な意味合いで受け取られたり、個々の自立を目指した主体的な取組を促す教育活動であることをより一層に明確にしたりする等の観点から、養護・訓練から自立活動に名称が改められました。繰り返しになりますが、名称は変わりましたが、「子供の主体的な学習活動」であるという基本的な理念は継承されています。

② 目標について

養護・訓練の目標と自立活動の目標は表4の通りです。下線部に着目しながら比較してみると、平成11年の改訂においては、自立を目指す主体が児童生徒一人一人であることが明確になりました。

さらに平成21年の改訂では、学校教育法第72条の改訂に伴い、「障害に基づく種々の困難」を「障害による学習上又は生活上の困難」に改められました。

表4　養護・訓練の目標と自立活動の目標の変遷

養護・訓練 （平成元年）	<u>児童又は生徒の心身の障害の状態を改善し，又は克服</u>するために必要な知識，技能，態度及び習慣を養い，もって心身の調和的発達の基盤を培う。
自立活動 （平成11年）	<u>個々の児童又は生徒が自立を目指し，障害に基づく種々の困難を主体的に改善・克服</u>するために必要な知識，技能，態度及び習慣を養い，もって心身の調和的発達の基盤を培う。
自立活動 （平成21年）	個々の児童又は生徒が自立を目指し，<u>障害による学習上又は生活上の困難</u>を主体的に改善・克服するために必要な知識，技能，態度及び習慣を養い，もって心身の調和的発達の基盤を培う。

（下線は筆者加筆）

③ 自立活動の内容

学習指導要領に示されていた養護・訓練の内容は、5つの柱のもとに18の項目で示されていました。子供の障害の重度・重複化、多様化に対応し、具体的な指導内容を選定する際の観点がより明確になるよう、平成11年の改訂では柱を区分とし、各区分の名称についても変更がなされました。名称の変更に当たっては、平易な表現にし、学習の主体が子供であることが分かりやすくなるように工夫されました。併せて18の項目についても、具体的にイメージしやすくなるよう改められ、22の項目に変更されました。また、幼稚部教育要領における自立活動の目標及び内容等については、早期から一貫した方針の下に指

表5　養護・訓練と自立活動の内容区分の変遷

平成元年改訂 （養護・訓練）	平成11年改訂 （自立活動）	平成21年改訂 （自立活動）
身体の健康	健康の保持	健康の保持
心理的適応	心理的な安定	心理的な安定
環境の認知	環境の把握	環境の把握
運動・動作	身体の動き	身体の動き
意思の伝達	コミュニケーション	コミュニケーション
—	—	人間関係の形成

導ができるように、小学部・中学部及び高等部の学習指導要領と同じ示し方になりました。

平成21年の改訂においては、社会の変化や子供の障害の重度・重複化、発達障害を含む多様な障害に応じた指導を充実するために、新たなる区分として、「人間関係の形成」という区分が設けられ、5項目を新たに追加しました。さらに、従来の項目についても具体的な指導内容やイメージがしやすくなるように表現を改め、6区分26項目となりました。さらに平成29年（高等部は平成31年）の改訂では、1項目が新たに追加され、6区分27項目となりました。

④　個別の指導計画の作成の明示

養護学校学習指導要領解説には、養護・訓練においても、指導計画は個別に作成することが原則であることが示されており、各学校の実情に合わせて取り組んでいました。養護・訓練から自立活動へ改訂される際、それまでの実績を踏まえ、個々の子供の障害の状態等に応じた指導をより一層充実させるために、自立活動の指導における個別の指導計画を作成することが学習指導要領に明示され、作成が義務付けられました。

自立活動の指導は、その領域の特性から学習指導要領に示される目標や内容が各教科や領域の構成とは異なり、学年別に指導すべき目標や内容は示されていません。また、主たる教材である教科書もなく、自立活動の指導においては、何をどのように指導するかは、指導に当たる教師の裁量に委ねられるのが特徴ともいえます。そのため自立活動の指導においては、教師が個々の子供の実態把握を行い、指導目標・指導内容・指導方法等を設定することになります。そして、実態把握から導き出された指導目標や指導内容等を個別の指導計画に記すことで、計画的、系統的な指導の実現を担保します。

また各教科の場合、どのような学習を行っているか、子供の使用している教科書や学習ノート等を見れば、おおよその内容を把握することが可能です。しかし、自立活動の指導においては、先にも述べた通り、各教科とは性質が異なるため、学習指導要領や学習場面を見ただけでは、何をねらい、どのようなスパンで指導を展開するか、子供や保護者には見通しがもちにくい面もあります。そのようなことからも、個別の指導計画を作成することは、保護者や子供に対するアカウンタビリティ（説明責任）につながります。

なお、個別の指導計画の作成については、各学校の実情に合わせて創意工夫できるよう、特別支援学校学習指導要領には作成時の配慮事項のみ示されており、具体的な手順は示していません。特別支援学校解説自立活動編に示されている手順は、あくまでも例であることを理解しておく必要があります。

⑤　個別の指導計画の作成と内容の取扱い

平成21年の改訂において、個別の指導計画の作成についてより一層理解を促すために、実態把握、指導目標（ねらい）の設定、具体的な指導内容の設定、評価等について配慮事項がそれぞれ示されました。さらに平成29年（高等部は平成31年）の改訂においては、実態把握から指導目標や具体的な指導内容の設定の手続きの中に、「指導すべき課題を明確にすること」、「指導すべき課題相互の関連を検討すること」が追加されました。これは、実態把握から指導目標を設定するまでの間に、指導すべき課題をどのように整理するのか、設定に至る判断の根拠を明確にすることで指導の妥当性、系統性を図ることが目的になり

ます（青木，2018）。

⑥ 指導時数について

養護・訓練においては、標準授業時数として小・中学部は年間105単位時間、高等部においては週当たり3単位時間が示され、個々の子供の実態等を踏まえて弾力的に設定されることになっていました。しかし、現実的にはこの数字を根拠に、実態の異なる子供に対して時間に充てる授業時数を、一律に3時間設定する学校が少なからずありました（安藤，2001）。一方で、子供の障害が重度・重複化、多様化してきていることから、子供の実態に応じて、授業時数を標準よりも多く設定する必要がある場合など、弾力的な運用が求められてきました（文部省，2000）。標準授業時数と示すことで、養護・訓練の時間に充てる授業時数を確保するためのしばりとされる意味合いもありましたが、個々の子供の障害の状態等に応じて自立活動の指導における個別の指導計画を作成することが義務付けられたことにより、一律に標準授業時数を示す必要がなくなりました（安藤，2001）。

そして、自立活動の指導で取り上げられる事項は、障害による学習上又は生活上の困難であり、換言すると教科等の授業場面や休み時間、給食、更衣、登下校場面といった様々な学校生活場面で見られる困難になります。そのため、特別支援学校学習指導要領の総則に示されているように、「自立活動の指導はもとより、学校の教育活動全体を通じて適切に行うこと」、「自立活動の時間における指導は、各教科、道徳科、外国語活動、総合的な学習の時間及び特別活動と密接な関連を保つこと」が重要になります。

【引用・参考文献】

青木隆一（2018）自立活動の意義と改訂のポイント．特別支援教育, 70. 26-31.
安藤隆男（2001）自立活動における個別の指導計画の理念と実践－あすの授業を創造する試み－．川島書房．
文部省（2000）盲学校、聾学校及び養護学校学習指導要領（平成11年3月）解説自立活動編．海文堂出版．
文部科学省（2017）特別支援学校幼稚部教育要領小学部・中学部学習指導要領．海文堂出版．
文部科学省（2018）特別支援学校教育要領・学習指導要領解説自立活動編（幼稚部・小学部・中学部）．開隆堂出版．

3　自立活動の教育課程の位置付けと指導の進め方

1．法令からみた自立活動の位置付け

　第2節で示した通り、学校教育法第72条に示された特別支援学校の目的を受けて、特別支援学校小学部・中学部学習指導要領並びに特別支援学校高等部の学習指導要領には、「障害による学習上又は生活上の困難を改善・克服し自立を図るために必要な知識、技能、態度及び習慣を養う」という指導目標が掲げられています。この目標を指導する領域として設けられているのが自立活動であり、特別支援学校ならではの指導領域となります。

【特別支援学校小学部・中学部学習指導要領】

第1章　総則　第1節　教育目標

　小学部及び中学部における教育については，学校教育法第72条に定める目的を実現するために，児童及び生徒の障害の状態や特性及び心身の発達の段階等を十分考慮して，次に掲げる目標の達成に努めなければならない。

1　小学部においては，学校教育法第30条第1項に規定する小学校教育の目標
2　中学部においては，学校教育法第46条に規定する中学校教育の目標
3　小学部及び中学部を通じ，<u>児童及び生徒の障害による学習上又は生活上の困難を改善・克服し自立を図るために必要な知識，技能，態度及び習慣を養うこと。</u>

（下線は筆者加筆）

【特別支援学校高等部学習指導要領】

第1章　総則　第1節　教育目標

　高等部における教育については，学校教育法第72条に定める目的を実現するために，生徒の障害の状態や特性及び心身の発達の段階等を十分考慮して，次に掲げる目標の達成に努めなければならない。

1　学校教育法第51条に規定する高等学校教育の目標
2　<u>生徒の障害による学習上又は生活上の困難を改善・克服し自立を図るために必要な知識，技能，態度及び習慣を養うこと。</u>

（下線は筆者加筆）

2．自立活動の目標

　特別支援学校学習指導要領に示されている自立活動の目標の示し方は、各教科の目標と示し方が異なっています。下記に示した自立活動の目標は、特別支援学校小・中学部の目標になります。

> 【特別支援学校小学部・中学部学習指導要領】
> 第7章　自立活動
> 第1　目標
>   個々の児童又は生徒が自立を目指し，障害による学習上又は生活上の困難を主体的に改善・克服するために必要な知識，技能，態度及び習慣を養い，もって心身の調和的発達の基盤を培う。
>
> （下線は筆者加筆）

　各教科の目標は、一般的な発達年齢に応じて、系統的に設定されています。例えば小学校国語科を例にして確認すると、まず小学校国語科の目標と、それを受けて各学年の目標といった構成で示されています。しかし、自立活動の目標においては、自立活動の目標が示されているだけで、学年ごとの目標は示されていません。そして幼稚部、小学部・中学部、高等部の各段階の自立活動の目標を比較してみると、下線部分の表記が変わる（幼稚部の場合：幼児、高等部の場合：生徒）だけで、他の部分は共通の表現になっています。

　これは、障害の程度や障害によって生じる学習や生活場面の困難な状況は個々によって異なるため、生活年齢を基準にした一般的な発達をベースにした各教科の目標や内容のように系統的に示すことができないからです。

　そして、自立活動の指導を理解するためには、この目標に書かれている事項の意味を正しく理解することが重要になります。

（1）自立とは

　まず「自立」という言葉を読者の皆さんはどのような意味で捉えるでしょうか。

　『標準国語辞典』（旺文社）で調べると、「他の力をかりないで自分の力で独立すること。ひとりだち。」と記されています。自立活動の指導で目指す自立とは、もっと広義に捉える必要があり、子供がそれぞれの障害の状態や発達の段階等に応じて主体的に自己の力を可能な限り発揮し、よりよく生きていこうとすることを意味しています。そのため、他者からの介助や援助を受けずに一人で日常生活動作を遂行できるようになることや、就労して賃金を得て生活をしていく経済的な自立だけではないことに留意が必要になります。

（2）障害による学習上又は生活上の困難の改善・克服とは

　「障害による学習上又は生活上の困難」という文言は、先に示した学校教育法第72条や教育目標、自立活動の目標にも同じ文言が記されていることから、自立活動を理解する上でも重要な文言になります。

　自立活動は学校教育で行われる教育活動であり、子供の学習であることを忘れてはいけません。自立活動は、障害の起因疾患や障害そのものを治療や訓練で治すという発想ではありません。

　例えば、肢体不自由児でまひがあるため、いすに座った姿勢を保持することが難しく、ノートに整った文字を書いたり、教科書を読んだりすることが困難な子供がいたとします。この子供が授業で学ぶためには、姿勢が崩れることや書字や音読等の学習場面で生じる困難が改善されなければ、学習が成立しません。また学習場面以外でも学校生活全般におい

て安全に過ごせることも求められます。さらに身体に過度な負担がかかり、疲労から授業に集中できない、帰宅後も身体が痛み睡眠や生活リズムが乱れ、遅刻や欠席が多くなる等の状況になれば、学習や学校生活にも支障をきたす状況になることは言うまでもありません。このように、学校が提供する教育活動を展開する過程で生じる、個々の子供の障害による学習上又は生活上の困難については、学校が個々の子供の学びを保障する観点からも対応が求められます。そして、自立活動という領域は、個々の子供の学習上又は生活上の困難の改善・克服について、指導という位置付けで行うことを可能にしています。

(3) 主体的に改善・克服するために必要な知識・技能・態度及び習慣とは

自立活動の目標には、「個々の」「自立」「主体的」という文言が付け加えられ、自立を目指す主体が一人一人の子供であることを明確にしました(安藤, 2001)。

そして、改善・克服とは、改善から克服を目指すような順序性を表しているわけではありません。障害によって生ずるつまずきや困難を軽減しようとしたり、障害のあることを受容したり、つまずきや困難の解消に向けて努めたりするといったことを意味しており、各教科や他の領域の学習同様、子供が学習者として主体的に取り組むべきものであることは言うまでもありません。

(4) 調和的発達とは

特別支援学校学習指導要領解説自立活動編には、「一人一人の幼児児童生徒の発達の遅れや不均衡を改善したり、発達の進んでいる側面を更に伸ばすことによって遅れている側面の発達を促すようにしたりして、全人的な発達を促進することを意味している。」と記されています。

自立活動の指導においては、学習上又は生活上の困難の改善・克服を目指していきますが、子供の苦手なこと、できないこと等マイナス面だけに着目するのではなく、本人の得意なことや興味・関心のある事項なども踏まえながら、子供の成長や将来を見据えてどのような指導を行うか考える必要があります。

3. 実態把握と指導目標・指導内容の設定について

特別支援学校学習指導要領に示されている自立活動の内容は、「人間としての基本的な行動を遂行するために必要な要素」、「障害による学習上又は生活上の困難を改善・克服するために必要な要素」の中から代表的な要素を大綱的に示しています。そのため、項目に示されている文言だけでは、具体的な指導内容がイメージしにくい場合があります。またこれらの内容を全て取り上げることを前提にはしていません。個々の子供の実態に応じて、必要な項目を選定した上で、それらを関連付けて、具体的な指導内容を創造していく必要があります。

実態把握から個々の子供の課題を明確にして、指導目標・指導内容・指導方法等を選定し、どのような指導を行うか示しているのが、自立活動の個別の指導計画となります。個別の指導計画を作成する一連の作業過程で、指導目標や指導内容などの解を得ることとみなします。しかし、解の唯一性に着目すると、設定された指導目標や指導内容が妥当であるか指導を行う前から検証することは困難になります。自立活動の指導目標や指導内容等の設

定は、唯一の絶対解は存在しない事態での解の抽出であり、不確実性が高いともいえます（安藤，2001）。そのため、自立活動の個別の指導計画においては、授業を実施して、その評価から得られる情報に基づいて、実態把握や設定された指導目標・指導内容等の修正を行いながらその精度を高め、授業改善につなげていくことが重要になります。

なお、評価に当たって留意すべき事項があります。各教科等の目標及び内容については、社会や時代の変化を踏まえて、「生きる力」をより具体化し、育成を目指す資質・能力の3つの柱①生きて働く知識・技能の習得、②未知の状況にも対応できる 思考力・判断力・表現力等の育成、③学びを人生や社会に生かそうとする学びに向かう力・人間性等の涵養、で整理されました。自立活動は、個々の子供の障害による学習上又は生活上の困難に着目して改善・克服を目指すため、自立活動の目標にある知識・技能・態度及び習慣は、育成を目指す資質・能力の3つの柱で示されている知識・技能等とは異なることを理解しておくことが大切です。

4．授業デザインと指導内容・指導方法の創意工夫

自立活動においては、各教科のように主たる教材である教科書もありません。学習指導要領に示されている内容は、個々の内容を踏まえた指導方法までは言及せず、大綱的な表現に留まっています。そのため、指導目標、指導内容と同様にどのような方法で指導を行うかは、各教師の裁量に委ねられ、創意工夫することが求められています。

筆者は、授業をデザインする過程を料理に例えて考えることがあります。自立活動の指導で、指導目標が不明確、指導内容や指導方法は思いつきで、指導成果の見通しがないままに展開する実践があったとします。そのような実践は、どのような味の鍋をつくるか不明確で、とりあえず調味料や具材を思いつくままに鍋へどんどん放り込んで煮込み、味も確認せずに食べる闇鍋を食べさせるようなものであると思っています。子供たちにどのような味の鍋を食べさせてあげるか考えるように、子供たちの指導目標を達成させるためには、どのような指導内容・指導方法で行うか常に考えることの重要性は、言うまでもありません。

特別支援学校学習指導要領には、学習指導要領に示された自立活動の内容を関連付けて行うよう示されています。それは、どのように考えればよいのでしょうか。

整った文字を書くことが困難な子供がいたとします。文字を書くには、安定した座位姿勢と鉛筆の持ち方、目と手の協応動作、空間における位置関係の把握といった「身体の動き」や「環境の把握」といった複数の内容が書字に必要な要素として必要になります。そのため、改善を図る指導を考えるためには、関係する複数の要素に着目して考える必要があります。また、指導目標と指導内容は決して1対1の関係とは限りません。むしろ一つの指導内容の中で複数の要素が盛り込まれた指導で展開することが多いのではないでしょうか。

例えば、身体のリラクゼーションを行うことで、身体部位のかたい部位をゆるめて動作の改善をねらう「身体の動き」に迫る指導が考えられます。また、心理面で興奮状態になると過度な力が身体に入る子供に対して、身体のリラクゼーションをしながら過度に入る力の抜き方を学習すれば「心理的な安定」に迫る指導にもなります。運動動作の改善や感

情のコントロールといったことが課題になる子供に対して、身体のリラクゼーションを通じて「身体の動き」と「心理的な安定」を目指すことも可能になります。そのためにも目の前にいる子供にとって、指導で取り上げることが必要な内容が何かを明確にしておくことが必要です。

例えば、チキンカレーをつくる場合、どのような材料が必要でしょうか。人参、ジャガイモ、鶏肉、水、ルーを準備します。でもカレーの素ではなく、クリームシチューの素を入れたらどうなるでしょうか。たった一つの材料を間違えただけで、まったく別の食べ物が出来上がってしまいます。子供たちの指導目標に迫る授業をつくる過程でも、先に例示したカレーの素のように、指導で外してはいけない内容があるはずです。その授業デザインを間違えたままだと、子供たちの実態と実践が乖離したままになってしまうといえます。

そして、なぜそのような指導目標や指導内容、指導方法で指導を展開するか説得力を増すためには、教師の直感や経験知だけでなく科学的根拠、理論や技法などの裏付けが必要不可欠になります。自立活動の指導に適用できると思われる理論・方法は、いずれも自立活動の指導という観点から成り立っているわけではなく、その方法がどのように優れていたとしても、それをそのまま自立活動の指導に適用しようとすると、当然無理を生じることをあらかじめ知っておくことが必要であり、自立活動の指導に適合するように工夫して応用することが大切になります（文部科学省，2018）。

5．指導時間

先にも述べたように自立活動の目標や内容は、大綱的な表記に留まっており、個々の実態や発達段階等に応じて指導目標や指導内容を設定します。授業時数においても個々の指導目標及び指導内容との関係から必要な時数を設定することを前提としているため、各教科等の指導時数のように一律な授業時数として示されていません。ただし、標準時数が定められていないから、自立活動の時間を確保しなくてもよいということではないことに留意する必要があります。

また、各教科等の目標及び内容を修めるためにも、各教科等の授業時数とのバランスが重要になります。自立活動の時数に充てる授業時数は、各学年の総授業時数の枠内に含まれることとなっています。子供の実態に即して適切に設けた自立活動の時数に充てる授業時数を各教科等の授業時数に加えると、総授業時数は小学校又は中学校の総授業時数を上回ることもあります。子供の実態や負担過重について十分考慮し、各教科等の時数を減じたり、各教科等の内容に軽重をつけたりしながら指導する必要があります。

ただし、通級指導教室の場合、年間35単位時間から280単位時間までを標準とされている他、学習障害者及び注意欠陥多動性障害者については、年間10単位時間から280単位時間までを標準とされています。また、高等学校においては、年間7単位を超えない範囲で卒業認定単位に含めることができる規定になっています。

6．指導形態

個々の実態に応じて指導を行うことから、自立活動の指導は個別指導が基本になります。

ただし、指導目標を達成する上で効果的である場合は、複数の子供が集団の形態で一緒に指導を行うこともあります。最初から集団で行うことを前提にしている指導領域ではないことに留意が必要です。そして、集団指導の形態であっても、指導目標は、個々の実態に応じて設定されることは言うまでもありません。

7．総則における自立活動 ～学校教育全体を通じて行うこととは～

> 【特別支援学校小学部・中学部学習指導要領】
> 第1章　総則　第2節2
> （4）　学校における自立活動の指導は，障害による学習上又は生活上の困難を改善・克服し，自立し社会参加する資質を養うため，自立活動の時間はもとより，学校の教育活動全体を通じて適切に行うものとする。特に，自立活動の時間における指導は，各教科，道徳科，外国語活動，総合的な学習の時間及び特別活動と密接な関連を保ち，個々の児童又は生徒の障害の状態や特性及び心身の発達の段階等を的確に把握して，適切な指導計画の下に行うよう配慮すること。

　特別支援学校小学部・中学部学習指導要領第1章総則第2節2（4）には、上記のような記述があります（高等部学習指導要領にも同様の記載があります）。

　教科指導場面を思い浮かべてください。学習指導要領に示される各教科の目標や内容を逸脱してまで、学習上又は生活上の困難を改善・克服する指導を行うことはできません。また、学習上又は生活上の困難な場面は、日常生活も含めて多岐にわたり、場面ごとの対処療法的な指導では限界があります。そこで、学習上又は生活上の困難の背景にある要因を分析して、自立活動の指導として取り上げる課題を明確にするとともに、自立活動の成果を踏まえ、各教科等の指導場面の手立てや配慮等を施していきます。そして、最終的には、指導で取り上げる困難の根源である学習や生活場面が改善されていくことがポイントになります。通級による指導においては、子供の在籍する学校や学級での場面となります。

　教師は常にそのことを意識して、日々の指導を行うことが重要になります。指導する教師によって方針や対応が異なったり、思いつきで指導を行ったりする等は避けなければいけません。そのため、個別の指導計画を作成する過程で、その子供に携わる教師間で共通理解を図ることが重要になります。

8．重複障害者等の規定の解釈について

　特別支援学校に在籍する子供の障害の重複化・多様化が進んでいます。重複障害者は、一人一人の障害の状態が極めて多様であり、発達の諸側面も不均衡が大きいことから、心身の調和的発達の基盤を培うことをねらいとした指導が特に必要となります。そのような指導は、自立活動による指導を中心にして展開されることが考えられます。そして、特別支援学校小学部・中学部学習指導要領には下記の規定が定められています。

> 【特別支援学校小学部・中学部学習指導要領】
> 第1章　総則　第8節　重複障害者等に関する教育課程の取扱い
> 　4　重複障害者のうち，障害の状態により<u>特に必要がある場合には</u>，各教科，道徳科，外国語活動若しくは特別活動の目標及び内容に関する事項の一部又は各教科，外国語活動若しくは総合的な学習の時間に替えて，<u>自立活動を主として指導を行うことができるものとする。</u>
>
> 　　　　　　　　　　　　　　　　　　　　　　　　　　（下線は筆者が加筆）
>
> ※特別支援学校高等部学習指導要領にも同様の規定あり。

　この規定を解釈する際に注目する言葉として、「特に必要がある場合には」と文末の「自立活動を主として指導を行うことができる」です。「行うことができる」ということは、自立活動に替えて指導することを前提にはしておらず、またこの規定を用いる場合は、なぜ替える必要があるのかということを、各学校が説明できることが求められます。「重複障害＝自立活動」ではないということを改めて認識しておくことが重要です。

9．個別の指導計画の作成

　自立活動は、何をどのような順で指導するのかマニュアルがありません。何を行っても自立活動であるといえなくもありません。しかし極論すれば説明の論理的な明確さが、個に応じた特色ある指導と映るのか、手抜き指導と映るのか判断を二分することになります（安藤，2001）。

　そこで自立活動の指導においては、どのような指導を行うか明確にするために個別の指導計画を作成することが特別支援学校学習指導要領に明記されています。個別の指導計画の作成によって、自立活動の指導について学校の説明責任を果たすことにつながります。

　国は個別の指導計画について、その作成を明示していますが、構成概念や具体的な作成方法は示さない立場をとっています（安藤，2000）。特別支援学校学習指導要領解説自立活動編に示されている手順も、あくまでも一例であることは忘れてはいけません。個別の指導計画の作成の主体は学校であり、子供や各学校の実態に応じて作成されるものです。子供の実態も多様であり、学校の規模や指導体制等が異なるため、内容や方法について一義的に示すことは困難になります。そのため各学校に作成の主体性及び責任を求めていると捉えることができます（安藤，2001）。

　特別支援学校学習指導要領に示されている個別の指導計画作成の配慮事項には、長期的・短期的な目標設定を行うよう記されています。この具体的なスパンについては、特別支援学校学習指導要領や学習指導要領解説等には示されていません。また今回の改訂では、指導すべき課題を明確にすることが明記されました。課題という言葉を『標準国語辞典』（旺文社）で調べると、「問題をあたえること。あたえられた問題。」とされています。また清水（2009）は経済学において、課題を「現状」から「あるべき姿・期待すべき像」にするためになすべきことと定義付けています。この課題について「子供の苦手なことやできないこと」と捉える教師や「子供の期待する姿・目指す姿」と捉える教師など、教師の多様

な解釈が予想されます。

　先に例示した目標のスパンや課題の定義の解釈について個々の教師のこれまでの経験やイメージだけに任せていると、自立活動の個別の指導計画を作成する過程で、ズレが生じる可能性があることは言うまでもありません。そのため、各学校の自立活動の指導における各目標のスパンや課題の定義等を教師間で共通理解していくことは大切になります。

【特別支援学校小学部・中学部学習指導要領】

第7章　自立活動

第3　個別の指導計画の作成と内容の取扱い

1　自立活動の指導に当たっては，個々の児童又は生徒の障害の状態や特性及び心身の発達の段階等の的確な把握に基づき，指導すべき課題を明確にすることによって，指導目標及び指導内容を設定し，個別の指導計画を作成するものとする。その際，第2に示す内容の中からそれぞれに必要とする項目を選定し，それらを相互に関連付け，具体的に指導内容を設定するものとする。

2　個別の指導計画の作成に当たっては，次の事項に配慮するものとする。
（中略）
(2)　児童又は生徒の実態把握に基づいて得られた指導すべき課題相互の関連を検討すること。その際，これまでの学習状況や将来の可能性を見通しながら，長期的及び短期的な観点から指導目標を設定し，それらを達成するために必要な指導内容を段階的に取り上げること。

10．特別支援学級や通級による指導の教育課程と自立活動

　先にも述べた通り、自立活動の指導は特別支援学校ならではの指導領域であり、小学校・中学校・高等学校の教育課程には設けられていない領域です。しかし、特別支援学級及び通級による指導で自立活動が設けられる根拠として、特別支援学級においては学校教育法施行規則138条、通級による指導においては学校教育法施行規則140条で特別の教育課程が編成することが可能になっていることが挙げられます。

　さらに平成29・30年に改訂された小学校・中学校・高等学校の各学習指導要領の総則部分に、特別支援学級では「自立活動を取り入れること」、通級による指導では「自立活動の内容を参考とし」と明記され、より自立活動の指導が明確に位置付けられました。

　また、通級による指導での自立活動の指導の解釈で、重要なポイントがあります。従来、平成5年文部科学省告示第7号通知では「障害に応じた特別の指導は、障害の状態の改善又は克服を目的とする指導とする。ただし、特に必要があるときは、障害の状態に応じて各教科の内容を補充するための特別の指導を含むものとする。」と示されていました。しかし、「教科の補充」の解釈において、学習の遅れを取り戻したり、欠席した授業の課題を取り組んだりする事例が一部で見受けられました。そのような現状を踏まえ、平成28年12月9日付け28文科初第1038号通知で、「障害に応じた特別の指導は、障害による学

習上又は生活上の困難を改善し、又は克服することを目的とする指導とし、特に必要があるときは、障害の状態に応じて各教科の内容を取り扱いながら行うことができるものとする」と改正されました。

　では、「各教科の内容を取り扱いながら行う」とはどのようなことでしょうか。例えば、教科書の文字列をうまく目で追えずにスムーズに音読ができない子供に対する自立活動の指導で、目の動かし方を学習するために、国語科の教科書の読み物を扱うということが考えられます。国語科の授業での音読は、登場人物の心情を理解して読んだり、新出漢字を読める等、国語の目標と関連付けて取り組まれます。しかし自立活動では、目を滑らかに動かすための指導に主眼がおかれ、同じ教材を用いた音読という活動であっても、教科指導と自立活動では指導で着目すべき点が異なります。これは、特別支援学校においても、準ずる教育課程の各教科の指導と自立活動の指導の関連を理解する上でも重要なポイントになります。

【引用・参考文献】

安藤隆男（2000）養護・訓練における個別の指導計画作成に関わる基礎的研究．上越教育大学研究紀要，19(2)，653-664．
安藤隆男（2001）自立活動における個別の指導計画の理念と実践－あすの授業を創造する試み－．川島書房．
文部科学省（2017）特別支援学校幼稚部教育要領小学部・中学部学習指導要領．海文堂出版．
文部科学省（2018）特別支援学校教育要領・学習指導要領解説自立活動編（幼稚部・小学部・中学部）．開隆堂出版．
吉田精一 監修（1989）標準国語辞典改訂新版．旺文社．

4　自立活動の授業と教師の成長

　今日、インクルーシブ教育システム下における特別支援教育の推進が喫緊の課題となっています。特別支援学校は、小・中学校等の通常の学級、特別支援学級、通級による指導と並んで、連続性のある多様な学びの場として位置付けられました。学校教育法第74条の規定にあるように、地域における特別支援教育のセンター的機能を新たに担うこととされたのです。インクルーシブ教育の進展は、就学基準の弾力化による多様な学びの場への就学を分散化させ、その後の継続的な教育相談等により、子供の学びの場の移行が仮定されるのです。学習の主体である子供の教育的なニーズに応じた多様な学びの場を確保するとともに、学びの連続性を担保するという考え方によるものといえます。

　特別支援学校は、まさに多様な学びの履歴を有す子供の就学、転学を想定した指導体制の確立と柔軟な教育課程の編成に努めなければなりません。教師にあっては、長期的な見通しに立って、子供の実態を適切に把握し、一人一人の主体的な学習を具現する授業の計画、実施、評価・改善の作業が求められます。

　このことは、それまで障害児教育の各領域において長年積み上げられた実績や知見に基づく授業をなぞればよいとする考えに一石を投ずるものです。培われてきた専門性に依拠しつつも、自立活動の指導に当たって教師はその考え方を理解し、一人一人の子供の学びの履歴や教育的ニーズに応じた授業を具現する明確な「意志 will」と「方略（知識・技能）」を有することが大切になるといえます。

1．教師の成長とは

　教師の成長 professional development は、専門性と関係の深い概念といえます。一般的に教師の専門性の議論では、教師個人の有する知識、技能などがどの水準にあるかが重要視されます。「あの先生は、○○法に詳しいので、子供への接し方は確かだよね」といった内容の話を先生方からうかがうことがあります。ここでは、教育の事象に関する具体的な知識や技能が取り上げられ、観察可能な指導のアプローチや成果に注目されるのです。日進月歩の世にあるとしても、これからも確かな専門性として教師個人に求められることに変わりはないでしょう。

　さて、このような専門性の基本的な要素となる知識や技能は、どのように身に付けるのでしょうか。教職年数を重ねることで身に付くものでしょうか。残念ながら教職年数を積むだけでは身に付かないでしょう。私たち教師は、日常の授業場面において、子供にどのように向き合ってよいか分からなくなったり、迷ったりするものです。経験を積んだ教師であっても、若い頃とは異なった悩みがついて回るのです。このことは、教師として子供に向き合う限り避けられないものであるとともに、実は教師を新たな成長へと誘う動因ともなります。つまり、教師である限り「こうありたい（理想の）自分」を明確に意識することにより、子供と向き合う中で、自己の未成熟さに気づき、なんとか解消しようとする

学習への動機付けにつながるのです。このことの繰り返しと積み上げにより、関連の知識と技能が身に付くのです。理想の教師への「意志」をもって行動を起こすことこそ「成長development」につながるのです。

このような考え方に立てば、教師は、意志をもってその職にある限り、生涯にわたる成長が期待できるのです。逆に、意志なき教職生活はたとえ経験を積んでも成長は望めないことになります。コラム①での愛知県立三好特別支援学校の木村豊先生の悩みこそ学びのチャンスであること、コラム②の埼玉県立大宮北特別支援学校の大竹由子先生の悩みに基づき考え続ける姿勢を大切にすることは、まさに上述の教師の成長に係る提言とみなすことができます。

2．自立活動の領域の特性

自立活動における教師の成長を図るためには、自立活動の領域としての特徴を理解する必要があります。ここでは、いくつかの観点から自立活動の領域の特徴を整理します。

第一は、教育課程の編成上、自立活動は特別支援学校の独自の領域であるということです。例えば、特別支援学校小学部における教育課程は、学校教育法施行規則第126条により、国語、社会、算数、理科、生活、音楽、図画工作、家庭及び体育の各教科、特別の教科である道徳、外国語活動、総合的な学習の時間、特別活動並びに自立活動によって編成することになっています。これは、同規則第50条の規定による小学校の教育課程の領域に、自立活動を付加した編成となります。自立活動は、教育課程編成上、特別支援学校独自の領域であるのです。加えて、平成29年3月に告示された小学校、中学校学習指導要領及び平成30年3月に告示された高等学校学習指導要領では、特別支援学級や通級による指導において、自立活動を取り入れる、あるいは参考とするとされたことは周知の通りです。すなわち、自立活動は、特別支援学校に加え、新たに小学校、中学校及び高等学校の特別支援教育において教育課程編成上、あるいは指導上、中核的な使命を担うこととなったのです。インクルーシブ教育の進展にあって、自立活動は、小学校、中学校、高等学校における障害のある児童生徒の教育の質の確保への貢献が期待されています。しかし、教育職員免許法及び関連の法令等において、自立活動の位置付けが明確にされていないことから、教員養成段階では、関連する知識、技能等の十分な修得が困難な状況にあると推察できます。特別支援学校教諭免許状を保有することをもって、自立活動の専門性を確保することにつながらないことを示唆するものです。いわんや特別支援学校教諭免許状の保有を前提としない小学校、中学校、高等学校の教師にとって自立活動は、ほぼ未知の領域と映ることが想定されます。

第二は、自立活動の指導は、一人一人の子供の主体的な学習を具現する活動であることです。自立活動は、個々の子供が自立を目指し、障害による学習上又は生活上の困難を主体的に改善・克服するために必要な知識、技能等を養い、心身の調和的発達の基盤を培うことを目的にします。自立活動は、予め指導すべき内容は示されていません。学習指導要領に目標、内容が系統的に示されている教科とは大きく異なるところです。したがって、自立活動の指導では、個別の指導計画の作成により、一人一人の子供の実態を的確に把握

し、課題を抽出し、そして指導の目標を設定することになります。なぜ、このような指導なのかが問われるゆえに、個別の指導計画の作成により、説明責任を果たすことになります。

　第三は、自立活動は、時間における指導（以下、時間の指導とします）を核にして、各教科等との密接な関連を図ることが大切となります。このことは、特別支援学校小学部・中学部学習指導要領の総則に規定されています。特別支援学校における教科指導は、時間の指導との関連から計画され、実施されることになります。時間の指導の経過やその成果を踏まえ、教科指導の計画や実施も随時修正されますし、時間の指導も教科指導での成果や課題を受けて修正されるのです。

　平成30年度から高等学校において通級による指導が導入されました。通級による指導は、通常の学級に在籍して各教科等の指導を受けつつ、特別の指導である自立活動の時間の指導を、特別の場である通級指導教室で行うものです。通級指導教室における時間の指導と、通常の学級における各教科等の指導は、前述の規定の通り、密接な関連を図ることになり、個別の指導計画において、両者の関係も明確に示されることになります。通級指導教室の担当教師と通常の学級の担任教師は、対象の子供の指導について、日頃から密接な連携を図ることが大切になるのです。

3．自立活動の授業における教師の成長

　上述のように、自立活動ではこれまで私たちが学んできた教科等とは大きく異なり、一人一人の子供の実態に基づき、子供の主体的な学習活動として具体化することになります。どのように授業を実施するかと同じくらい、なぜこのような授業なのかを説明できることに重きが置かれます。すなわち、前者は授業の実施であり、それに対して後者は授業のデザインを意味するものです。このように、自立活動では、授業のデザイン、授業の実施、そして授業の評価・改善の一連の段階で構成され、それぞれの結果は前段階にフィードバックされることになります。

（1）自立活動とはどのような領域かの基礎的な理解を深めることです。

　自立活動の授業に臨むに当たり、まず教師は自立活動の領域としての特性をしっかり理解することです。自立活動の専門性は、特別支援学校教諭免許状の保有をもって担保することにならないと指摘しましたが、それだけに自立活動の授業に当たり、その理念等の基礎的な理解を深めることがとても重要になります。

（2）一人一人の子供の授業を創造することを楽しむことです。

　自立活動は、一人一人の子供の実態に応じて授業を創造するプロセスといってもよいでしょう。授業のデザイン、授業の実施、授業の評価・改善を丁寧に積み上げ、その成果と課題をフィードバックすることは、新たな授業の創造を意味するものです。適切に子供の実態を把握するにはどうしたらよいのか、課題をどのように抽出し、指導目標の設定につなげるのか、設定した指導目標からどのように授業計画を具体化すればよいのか、そもそも子供の主体的な学習を実現するための手立てをどうとればよいのか、評価の基準をどう置き、改善に活かすのか、等々、悩みがつきません。これまで経験したことのない領域で

すし、誰も教えてくれなかったわけですから、悩んで当然です。このような時に、担当する子供のこれまでの指導を参考にするのは一般的ですし、指導の継続性を確保する上でも有効となります。しかし、新たな情報に基づいた実態の捉え直し、課題や指導目標の修正などの手続きを経た上での授業の継承であり、単なる前年度の皮相ななぞり、踏襲を意味するものではないことに十分留意する必要があります。

　悩みつつも、教師としての新たな課題を自ら自覚し、前向きに挑戦することを通じてのみ、見えなかった子供の姿が見えるようになり、その結果として授業を創造することのよろこびが分かるようになります。このような体験を同僚教師と共有することにより、さらにその先の学びへの動機付けとなります。

（3）校内で学べることと学べないことを見極め、積極的に学ぶ場を外に求めることです。

　学校教育を取り巻く状況が複雑化する中で、勤務する学校や教育センター等での研修は、年々、多様化しています。多くの課題について基礎的な知識として学習できることはとても大切になります。しかし、課題によっては、学校で提供することが難しいことがあります。例えば、時間の指導で、個別に子供の課題と向き合うことを想定してみてください。全身の緊張が強い脳性まひの子供が、身体の突っ張りを何とかしてほしいと訴え出たら、あなたは教師としてどのような援助ができますか。脳性まひとはどのような障害か、なぜ緊張が出現するのかなどは、学校等の研修でも、専門書でも紹介されているでしょう。しかし、脳性まひのAくんの状態はより具体的で、対応も即時的でなければなりません。

　このように個別的で、より専門的な指導に関わる場合、身体の弛緩に関する知識のほかに、弛緩を促す指導の技術も必要となります。繰り返しになりますが、各学校で、あるいは教育センターなどでの研修においては、残念ながらほぼ対応は難しい状況です。したがって、公的な研修とは別に、個人的に校外の関連する研修のプログラムや資源を探し、アクセスすることです。自主研修として、まさに自らの時間と費用をかけて学ぶものです。とりわけ、若い先生方には、このような自主的な研修を積極的に活用する明確な意志と参加を行うことを勧めます。この積み上げは、その後の教師の成長を約束するものといえます。悩み、同僚教師に相談し、校内外の研修のプログラムや資源を積極的に活用してほしいものです。

コラム① 自立活動の指導に悩む先生方へ

学ぶチャンスが来たら踏み出そう！

　最初に赴任した学校は、肢体不自由養護学校でした。大学の特殊教育専門課程を卒業したのにもかかわらず、脳性まひの児童生徒に関わることが初めてでした。私は、言語に障害のある児童の言葉を改善する指導を期待されたにもかかわらず、アテトーゼ型の脳性まひの児童に何もできないことで悩みました。その中で、身体全体の緊張をゆるめることが必要だと考えたことが動作訓練を学ぶきっかけとなりました。

　その頃は、１週間ぶっ通しで動作訓練キャンプを全国でやっていたため、長期の休みには、なるべくキャンプに参加して、その考え方や訓練技術を学びました。そこで、対面している子供が正しい身体の動きができた時、いかに称賛できるのかが子供との信頼関係を構築でき、動作を改善していくことにつながるのかが分かりました。

　その後、自分のやっていることが、本当に子供たちの成長につながる支援をしているのかを論理的に整理したくて大学院大学へ行くことを決心しました。そこでは、他県から来ている現職の先生、理論的な裏付けをもつ大学の先生に多くのことを教えてもらいました。さらに、愛知県総合教育センターで特別支援教育相談を経験することができました。そこでは、保護者の苦悩を生の言葉で聞くことができました。

　訓練キャンプ、大学院大学、特別支援教育相談では、専門的な知識を身に付けるだけでなく、特別支援教育と真摯に向かい合っている人たちとのつながりもつくることができました。

　自立活動の指導に悩む先生方に伝えたいことは、まず、学ぶチャンスが来たら第一歩を踏み出そうということです。分からないことを積極的に学ぼうとすれば、さまざまな情報が手に入り、具体的な支援の仕方が見えてくると思います。具体的な支援の方法が自立活動の内容につながっているのです。そこで、最も重要な、子供たち一人一人のわずかな成長を見逃さない感覚が身に付き、子供と共に成長を喜び合い、たくさんの笑顔を見ることができると思います。教師になって本当に良かったなと実感がもてると思います。さらに、積極的な学びは、多くの仲間をつくることができると思います。人との出会いを大切にしてください。それが、特別支援教育で必要なティーム・ティーチングの礎になると思います。チームで指導することが上手にできるということは、相手の立場や状況が見えているということです。自立活動という領域は、特別支援教育にしかないものです。でも、その内容を紐解いてみると、人の成長発達の基盤を培うものとなっています。つまり、自立活動の学びの中に教育の本質が見えてくるといっても過言ではないと思います。多くの先生方がその醍醐味を味わってくれることを期待しています。

愛知県立三好特別支援学校長　木村　豊

コラム② 自立活動の指導に悩む先生方へ

迷ってもよい

　私は、中学校教員から縁あって盲学校、養護学校と経験し、その間に特別支援教育制度の転換期を迎え、特別支援学校での勤務を長く続けています。現在の勤務校では、特別支援教育コーディネーターとして、地域支援に取り組んでいます。一昨年度までは、2年ほど中学校特別支援学級の指導や校内コーディネーターとして活動し、中学校での自立活動の時間における指導と教科との関連を考える貴重な機会を得たところです。

　振り返ると盲学校赴任当初は、生活単元学習等、初めて聞く授業名やティーム・ティーチング形態で進む授業にとまどうことがありました。特に「そうだったのか！」と納得感の得られない領域が、「養護・訓練」（その後「自立活動」と変更）の授業でした。障害種によって、点字の学習や身体の動きの学習など内容も固定化しており、「授業内容はこれでいいのだろうか？　自立活動って何だろう？」と疑問が生じたものでした。

　そのうち校内研修だけでなく、各学校の研究発表会や自立活動に関する研修会などに参加し、目先のことではなく「なぜ、どうして、そのような指導が必要なのか？」という視点で授業を考えることや、子供との関わりに「こうではないか？」という仮説を立てて指導し、振り返り改善する方法などを学び、実践を重ねました。同僚と授業を改善することや校内外の先生方と対話し試行錯誤しながら、考え方を学ぶことで自立活動の目指すところを理解し、最近ようやくその指導の道筋がつけられるようになったのかなと感じています。

　つたない経験ではありますが、新たに特別支援学級や通級指導教室を担当し自立活動の指導に取り組んでいる先生方に、まずは「分からないことを自覚し、迷ってもよい」ということをお伝えします。自立活動は、特定の技術や一定の内容だけを指導する領域ではなく、子供たちの主体的な学習活動を支える拠り所となる領域であることが、これまでの実践で積み重なってきています。一人一人の子供の実態から目標や課題の関連付けに悩むのは当然として、考えることを続けてほしいと思います。

　さらに、他の教科を担当する同僚や先輩、他校の先生方などと自立活動について「対話する」ことにぜひ取り組んでほしいです。中学校の同僚は、学級にいる発達障害の子供の指導を考える際に示した自立活動の区分や項目を初めて目にし、この領域の学習をもっと知りたいと話していました。実態把握から指導内容の決定、実施後の評価を複数の教師間で対話し考えることや、教師側が子供への関わりを変えてみたら子供が変化したことは、やりがいのある経験になったそうです。地域支援の中で出会った通常の学級担任の先生方が、障害のある子供の指導を続け、手ごたえや面白さに気づき、特別支援学級や通級指導教室の担当者になられて出会うことも多くなりました。地道ではありますが、悩みながら多くの人と対話し、共に学び続けましょう！

埼玉県立大宮北特別支援学校教諭・特別支援教育コーディネーター　大竹　由子

第2章
実践編

事例から学ぶ自立活動の指導

事例 1 カード整理法を活用した実態把握

こんな悩みのある方に・・・

悩み 8 複数の教職員と連携して自立活動の個別の指導計画を作成するには、どのようにすればよいのでしょうか。

悩み 10 子供の困難の背景にある要因を、どのように見極めたらよいのでしょうか。

悩み 11 自立活動の個別の指導計画の作成は、どのように行えばよいのでしょうか。

悩み 24 自立活動の指導に関する校内研修は、どのように企画・実施すればよいのでしょうか。

この事例から学んでほしいこと

　平成29年4月に告示された特別支援学校小学部・中学部学習指導要領では、自立活動の指導における個別の指導計画作成手続きに、「課題」の明確化が位置付けられました。そこで、従来の手続きに変えて、実態把握図の作成から課題を抽出することを試みました。教師間で課題が共有できると指導に対する考え方のズレが解消し、目標設定に対する不安が軽減しました。本事例の構成においては、本文は取り組んだ手続きを中心に、各頁の右欄には従来の手続きとの比較から得た成果と課題を記載しました。

対象校の実態

　児童生徒の指導に当たっては、担任や授業担当者が個別の指導計画を作成し、ケース会や個別面談を通して、教師間及び保護者と目標を共有しています。内容については作成した教師の主観に任される部分が大きく、ケース会では作成した教師と指導に関わる教師との間に思いのズレが生じても、十分にすり合わせができないことがありました。保護者へ説明する際にも、従来の個別の指導計画作成の手続きでは、どのような流れで目標が設定されたかという根拠を提示することが難しいと感じていました。

1．教師間の思いのズレを解消するために

　本校は児童生徒数209名、教職員数206名の肢体不自由特別支援学校です。小・中・高等部の3つの学部に、それぞれ準ずる教育、重複教育、重度重複教育の3つの課程があります。

　個別の指導計画は、前期と後期で作成します。子供の実態や保護者の要望から、長期目標と短期目標を掲げ、そこから各教科等の目標と手立てを検討します。作成は、担任が主となって行いますが、学部や課程によっては、授業担当者で分担しているところもあります。作成から保護者配付までは、校内統一のスケジュールに基づいて行われ、配付前にケース会を開いて、個別の指導計画の内容を検討します。

　ケース会では、表現方法の検討や誤字脱字のチェックに時間が割かれることが多く、指導に対する考え方のズレを感じても言い出しにくい状況がありました。また、個人の主観に頼るこの方法では、目標の妥当性や根拠まで明確に示すことは難しく、不安を感じながら作成している教師もいました。

　そこで、教師間で子供の実態を十分に共有するとともに、指導に対する明確な根拠を確保することを目的として、実態把握→課題の抽出→目標設定までを視覚的に共有できる実態把握図の作成及び活用について、研修の一環として試行的に取り入れてみることにしました[*1]。

2．実態把握図作成の手続き

　実態把握図は、KJ法を参考にしたカード整理法によって、付箋紙を使って情報を出し合い、出された情報をまとめて作成します。作成する際には、3つのルールがあります。1つめは「信頼性」で、教職経験や子供との関わりの長い短いに関係なく、それぞれの教師がもっている情報は同等に扱うこと、2つめは「正確性」で、情報を出し合う際には、誰が読んでも、その子供の様子がイメージできるように、具体的・客観的に書くこと、そして3つめは「適切性」で、情報の量や内容は、多すぎたり偏っていたりしないようにすることです。この3つのルールを念頭に作成を始めます。本校では、子供に関わる5～6人のグループを意図的に作って、研修に取り組みました。グループのメンバー構成については、多角的な視点で子供を見られるように、教職経験の長短や子供との関わりの多少で限定することのないようにしました。

*1　実態把握の手続き及び課題の抽出については、共同研究の一環で、筑波大学の安藤隆男教授が考案した手続きを用いました。

（1）情報カードの作成

子供の様子を見て、心に留まったことや気になったことを各自で付箋紙に書き出します。書き終えた付箋紙は、互いに読み合い、内容から子供の具体的な様子がイメージできない場合は書き直しをします[*2]。この手続きを繰り返し経験すると、客観的に子供の行動を観察し、表現する力が身に付きます。

（2）島づくりと表札

付箋紙に記入された情報の背景に注目し、似ていると考えられる内容を集め仲間分けします。集めた付箋紙には、その内容を要約した「表札」をつけます[*3]。表札をつけたら、一つの「島」が出来上がります。島づくりの作業は、第1段階、第2段階と繰り返します。作業の目安は、第1段階で最初の付箋紙の数の半分の量に、第2段階で1/4の量に、そうして島の数が7～8つになったら完了です。ただし中には、どこの仲間にも入らない付箋紙も出てきます。仲間に入らないものは「一匹狼」と呼び、無理に仲間に入れずにそのままにしておきます。表札に使う付箋紙の色は段階ごとに変え、どの段階の情報かを分かりやすくします。

（3）島同士の関連付け

仲間分けを終えた島同士の関連をおさえるために、模造紙上に付箋紙を置き、記号でつなぎます。この時、模造紙のどこにどの島を配置するかが重要です。付箋紙の枚数が多かったり、他の島との関連が多かったりする島を中心に置くと他の島の配置がしやすくなります。「この島とこの島は反対の内容だ」「この島がこちらの島に影響を与えている」と考えていきながら、実態が目に見える形で整理されると実態把握図の完成です[*4]。

（4）課題の抽出

実態把握図を見渡して、「課題」を捉えます。本校では1年間で取り組むべき課題を、中心的な課題とおさえました。重要なのは、「課題」＝「その子供の指導を考える上で外せないポイント」だということです。実態把握図の島同士の関連からその子供の指導を考える上で外せないポイントを捉えると、この1年間で取り組むべき中心的な課題が浮かび上がってきます[*5]。

（5）目標の設定

中心的な課題から、1年間で達成を目指す目標を設定します。また実態把握図は、もとは一つ一つの情報からできているため、そこから単元ごと授業ごとの目標を設定することができます[*6]。

例えば、次頁の図はAさんの実態把握図です。ここから、「状況や相手の気持ちを考えて行動するのが難しいこと」「自分の思

[*2] 実態を捉える際「～が好き」「～が苦手」というような表現を多用しており、無意識に子供の行動に、自分の解釈を加えていることに気づきました。この手続きを通して、いかに主観を交えて子供を捉えていたかが分かりました。

[*3] これまでは実態をまとめる際、「身体面」「認知面」「コミュニケーション面」というように、既存の枠に子供の情報を当てはめていました。しかし、それでは後々、その子供の課題がつかみづらくなることが分かりました。抽象化しすぎずにまとめていくこの手続きは、慣れるまで大変苦労しました。

[*4] 従来は、各自の頭の中でやりくりされていた作業でした。そのため、人によって捉え方に違いが生まれ、指導に対する考え方のズレの要因となっていました。模造紙上で誰もが同じ情報を目に見える形で整理するこの手続きで、指導に対する考え方のズレを調整することができました。

[*5] 個別の指導計画には、実態からどうしてこの目標が設定されたかを押さえる項目はなく、これまで実態と目標とのつながりがあいまいでした。課題を抽出することで、実態から目標へのつながりを明確にすることができ、指導の根拠として説明することができるようになりました。

[*6] 当初、課題と目標を混同していましたが、課題をその子供の指導を考える上で外せないポイント、目標を一定期間で目指す学びの到達点、と捉えると目標の設定がしやすくなりました。

い通りにいかない状況では気持ちのコントロールが難しいこと」「見通しのもてる活動には自信をもって取り組めること」を課題として共有しました。そこから目標は「場や状況に合った言葉遣いや振る舞いができること」と設定し、自信をもって取り組める活動の中に、思いの通らない状況や相手の気持ちを考える場面を意図的に組み込んで、Aさんが気持ちを調整する方法を教師と一緒に考えていくようにしました。

3．従来の手続きとの比較から

　従来の手続きとこれまで述べてきた手続きとには、2つの違いがありました。一つは、私たちがこれまで、実態把握と考えていたものは、単に実態を並べただけで、把握しているとはいえないということでした。実態として集まった情報は、前述した実態把握図のように整理する過程を経ることが指導の根拠を導くために必要でした。もう一つは、目標を設定する前に、課題を抽出するという手続きを取り入れたことです。実態からすぐに、目標を設定しようとすると、教師によって重点を置くポイントに違いが生まれ、それが目標や指導内容、方法さらには評価のズレにつながっていきます。複数の教師で、その子供の実態から「指導を考える上で外せないポイント」を共有することで、同じ思いで指導に当たることができるようになると感じました。

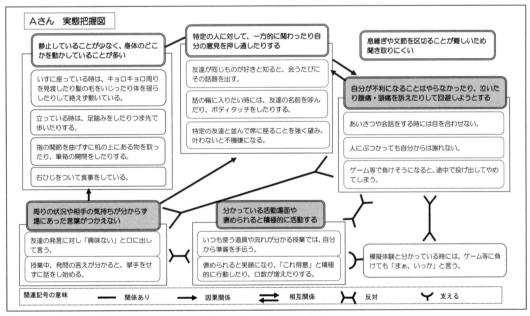

図　Aさんの実態把握図

【参考文献】
安藤隆男（2001）自立活動における個別の指導計画の理念と実践．川島書店．

事例 2 個別の指導計画とティーム・アプローチを支える会議設定

 こんな悩みのある方に・・・

悩み 8 複数の教職員と連携して自立活動の個別の指導計画を作成するには、どのようにすればよいのでしょうか。

悩み 11 自立活動の個別の指導計画の作成は、どのように行えばよいのでしょうか。

悩み 12 自立活動の指導におけるティーム・ティーチングは、どのように行えばよいのでしょうか。

 この事例から学んでほしいこと

　進級・進学による担任交代がある中で引き継いでいく個別の指導計画は、作成時(年度当初)のものが最良であるというより、PDCAサイクルの中で活用され手直しされてこそ、より適切で利用価値の高いものに改善されます。作成と同様に見直しにも時間が必要であり、複数の教師が関与するためには会議設定が必要となります。学校としてのシステムが整い、時間設定がなされていることが重要です。

 対象校の実態

　開校して数年の小規模な特別支援学校です。在籍する全児童生徒は、肢体不自由と知的障害を併せ有する重複障害児で、実態差への対応はなかなか難しい状況です。教職員の構成は、いろいろな学校から異動してきた中堅・ベテラン教師、初任者・臨任者など多様ですが、このような教師集団で、個別の指導計画を要としたティーム・アプローチを築き「みんなで育てる」を目指してきました。教務主任3校目の筆者の視点から、個別の指導計画の運用システムについて整理してみました。

1．活用と見直しを必然に

　特別支援学校では、個別の指導計画の作成方法[*1]を議論する時代は過去のものとなり、各校の実情に合わせた方法・システムでの作成が定着しています。「作成した計画はひとまとめにして校長室に保管してあります」といった笑えないエピソードも聞かなくなり、有効活用と計画の見直しが今日的な課題です。

　言うまでもなく、個別の指導計画は個に応じたより適切な指導を実践するためのツールです。自立活動を筆頭とする教科書のない学習活動を展開する上で、指導の根拠（実態）を踏まえ、指導の目標・内容・方法を明確にして、教師間はもとより保護者とも情報を共有して説明責任を果たすための書式です。

　保護者との情報共有という点では、通知表を前面に出して評価を伝え、個別の指導計画をサブツール的に使う学校もあることと思います。筆者の勤務校及び前任校では、個別の指導計画を情報共有のメインツールと位置付け、通知表と一体化して（通知表としても）使っています[*2]。前任校で、従前から作っていた個別の指導計画を保護者に渡すことを決めた年に、通知表と一体化するかどうかについて職員会議で議論を繰り返したことを思い出します。「内容を絞ったコンパクトで読みやすい通知表を別に作って渡すべきだ」という意見も多かった中、「評価を記入した個別の指導計画も渡すのだから両者の記入内容が違っていてはおかしい」「内容を抜粋しただけの同じものを渡しても意味がない」「同じ内容を別の言い方や観点で整理するのは難しい」「短い通知表だけを読んで個別の指導計画を読んでもらえなかったら困る」といった意見を踏まえて一体化が決定しました。今思えば、この通知表との一体化が、個別の指導計画の活用と見直しを必然のものとする近道でした。

　評価の際に、個別の指導計画を開き、記入し、教師間で読み合わせるといった作業が入ることは、子供の達成状況だけでなく、授業や個別の指導計画そのものの適否について考えたり話し合ったりする機会となり、指導の目標・内容・方法などの改善を検討する場となります。個別の指導計画を基にした話し合い、特に評価の機会を定期的に設定するということが、計画の見直し・改善を必然的に促すことにつながるのです。そして、時間とエネルギーをかけて行われるその作業が、日々の授業と連動していることこそが、個別の指導計画の活用そのものだといえるのです。

[*1] 個別の指導計画の作成に慣れていない小・中学校等は、教育委員会や近隣の特別支援学校に情報を求めてみてください。

[*2] 現在の勤務校は新設校で、開校時からこの方法を採用しています。

2．ティーム・アプローチが鍵

　情報共有と説明責任についてを駆け足で説明しましたが、子供の実態から出発して教師が立案する個別の指導計画において、唯一絶対の正解はありません。より適切な計画づくりを目指して努力し、関係者の合意を得ます。「より適切な」を保障するために、計画づくりは教師個人ではなくティームで行います。複数の教師の目で検討することで客観性を高め、また個々の教師の力量や経歴の差が個々の計画の質を大きく左右してしまわないよう、合議を通してティームで立てた計画となるようにします。

　この手続きを保障するためには、個々の教師の作業時間だけではなく、ティームの教師全員が集まって話し合える時間の設定、会議設定が必要になります。時間や場の設定をせずに、話し合うことだけを義務化しても、現実的にはできなかったり、時間外勤務を当てにした過重負担につながったりします。

　また、時間だけ設定されていても、個別の指導計画のための話し合いとして有効活用されない可能性もあります。計画作成にしても評価にしても、分担範囲を細分化して「自分の分だけ」仕事する方が時間はかかりません。指導グループに所属する数名の児童生徒が全員の話し合いに参加することが、負担だとか無意味だとか思ってしまったら、前述したティームによる「より適切な」指導計画という考え方は崩壊してしまいます。

　日頃から指導グループの全員に対して責任をもち、各授業における個々のねらいを共有して、ティーム・ティーチングの準備・実践や評価に積極的に関わっていく姿勢が大切です。また、そうでなければ定期的な評価の会議においても、有意義な発言ができなかったり会議内容が他人事に思えたりしてしまうでしょう。

　普段からティーム・アプローチの意識を高められるよう、またそのために必要な話合いができるよう、本校では毎週末及び学期始めと学期末に、ブロック会（指導グループの担任の会議）の時間を確保しています。

3．会議設定の実際

　授業日における本校の会議時間は、放課後の16時から17時までです。その1時間を分けて使う日があることや、短縮日課で複数の会議設定（学級事務等の作業を含む）ができる日があることから、年間205日の授業日[*3]において会議設定数の合計が255回（平成30年度）となっています（表1）。

　その中で、前述したブロック会の設定が44回と最も多くなっ

[*3]　A市は条例で市立学校の授業日を年間205日と定めています。（平成30年度現在）

ています。そして、評価等の会議（個別の指導計画等の作成及び各学期末や保護者との面談前の読み合わせ）は40回（ブロック会を含めない）です。表1から分かるように、評価等の会議単独の設定日が16日、全員対象でない会議があるものの、その裏で個人作業等のできる日が24日となっています。

時間外勤務を当てにしないようにと述べておきながら、ティーム全員で読み合わせできる日が年間16日（16時間）では、十分とはいえません。年間総時数の中で優先的に充てようとしているという教務主任の意図を各ブロックの先生方に汲んでもらい、ブロック会の内容を調整するなどして時間を工面してもらっているのが実情です。

表1　会議設定回数の集計（平成30年度）

月	4～5	6～7	8～10	11～12	1～3	合計
職員会議	2	2	2	2	3	11
企画委員会	2	2	2	2	3	11
分掌部会	2	2	2	2	3	11
教科部会	2	2	2	2	3	11
教育課程検討委員会	1	1	2	1	2	7
ブロック会	7	8	10	7	12	44
評価等の会議（単独）	4	2	0	4	6	16
評価等の会議（他会議並行）	9	3	0	6	6	24
その他	24	23	21	23	29	120
全会議合計	53	45	41	49	67	255

4．まとめと課題

会議等に充てられる時数の総枠が本校より制約されている学校も多いかと思います。教職員の働き方改革の流れもあり、会議の精選は喫緊の課題です。しかし、何の時間を削り、何により多く充てようとするかは、その学校が何を大切にしようとしているかを示す指標にもなります。

また、全体としての会議の削減には皆さん賛成ですが、自分自身が真剣に携わっている部署の持ち時間が減らされることには戸惑います。そうした中で、全体像が見えるように昨年度末に会議設定数の一覧（表1のもとになったデータ）を示したところ、自ら会議設定の削減を申し出てくれた部署もありました。

勤務時間の枠の中で、同僚と共有できる限られた時間を何に優先的に充てればよいか、仕事の質を下げることなく所要時間を減らしていくには何を効率化すればよいか、難しいけれども様々なアイデアの出しどころでもあります。全員同時に使う時間、一部のメンバーを招集する時間、教職員個々の裁量時間を整理して、会議の裏で何をするかなど、それぞれの有効活用をお願いしています。本校の実例の紹介が、様々な事情を抱える全国各校の工夫を情報交換するきっかけとなり、情報の少ないこの分野（学校現場の会議設定）の改善が進むことを期待しています。

事例 3 ティーム・ティーチングの授業改善

 こんな悩みのある方に・・・

悩み 8 複数の教職員と連携して自立活動の個別の指導計画を作成するには、どのようにすればよいのでしょうか。

悩み 12 自立活動の指導におけるティーム・ティーチングは、どのように行えばよいのでしょうか。

悩み 24 自立活動の指導に関する校内研修は、どのように企画・実施すればよいのでしょうか。

悩み 28 授業に関わる教師間で連携した自立活動の指導は、どのように行えばよいのでしょうか。

 この事例から学んでほしいこと

　授業では、予想外の出来事がよく起こります。その時、複数の授業者から成るティーム・ティーチングの授業では、授業者たちがどんな対応をしていけばよいでしょうか。この解決ができないとティーム・ティーチングの授業は難しいということになります。この事例では、授業者たちが、自分の授業を振り返る過程で、自分たちの問題点や改善ポイントに気づいて授業改善を実現していきました。

 対象の子供の実態

　本事例の子供は、特別支援学校（病弱）中学部の重複障害学級に在籍する5名です。自立活動を主とする教育課程を編成しています。全員が視覚より聴覚を主として周囲からの情報を得ています。生徒たちは身の回りの変化をスキンシップや音源、振動から探り、感じ取ったことを表出しています。全員自力で座位保持することは難しく、学習活動では姿勢保持いすを使用しています。また、吸引、吸入等の医療的ケアを必要とする子供もいます。なお、学習集団として5名の生徒に対して、4名の授業者でティーム・ティーチングを実践しています。

1. ティーム・ティーチングによる授業を振り返る重要性

　ティーム・ティーチングでは、授業の進行上リーダー役を果たすメイン教師（以下、MT）とMTの補佐役を果たすサブ教師（以下、ST）の情報の共有を含めた授業者間の情報伝達[*1]のあり方が重要です。

　例えば、重複障害のある子供たちの授業では、子供の健康状態によって、授業計画の変更を余儀なくされることがあります。場合によっては、MTとSTが交代しなければならない状況になることもあります。まさに、ティーム・ティーチングでは、予想外の出来事が起こった時、各授業者はどんな対応をしようと意思決定[*2]したのか、その情報を授業者間でどのように伝え合ったのかということが重要になります。

　本事例では、授業者が授業の振り返りをしながら、授業者間の情報伝達についての問題点とその改善ポイントを浮き彫りにしていく授業改善方法を紹介します。

2. ティーム・ティーチングによる授業を振り返る手順

　図に示す手順を設定して、2回（本時と次時）の授業実践を分析できるようにしました。授業での問題点を踏まえて、実際に「授業のどこが改善できたのか。できなかったことは何か」を授業者全員で検証していく仕組みです。

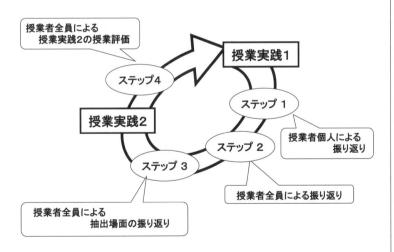

図　振り返りによる授業改善の手順

　授業を分析するために、対象授業は録画をしておきます。また、授業者の振り返り作業を円滑に進行させ、授業者の内省報告を促進する「促進者（進行役）」[*3]がいるとよいでしょう。もちろん、促進者は授業者の中から選んでおけば無理なく実施できます。

[*1] 授業者間の情報伝達とは、①子供や授業に関する情報、②子供の代弁者としての情報発信等、授業者が分有している情報を相互に発信・受信し合うことと考えています。

[*2] 意思決定について、吉崎（1991）は「各代替策の中から、それぞれの代替策が子どもに与える影響を予想しながら、教師自身が設定した評価基準に基づいて、そのうち最良のものを選択すること」と定義しています。

[*3] 促進者は、授業者の振り返り報告を促進する役割があります。ただし、単なる司会者ではなく、コミュニケーションの場をつくり、チームの力を引き出し、チームの成果が最大となるように授業者の思いをまとめていく役割があります。

（1）ステップ1：授業者個人による授業の振り返り

　授業実践1（本時）終了後、授業者がそれぞれ自分自身の行動や感じたことを振り返り、授業の問題点を明らかにしていきます。あらかじめ学習指導案上で、学習活動を場面1、場面2のように展開場面ごとに区切っておくと授業者全員での話し合いが円滑に進みます。下表はステップ1で使用する「振り返り表」になります。

表　ステップ1で使用する「振り返り表」

生徒と教師の学習活動		振り返り	
本時の活動	Aのねらい	指導案段階と本時の活動では、何が、どうズレましたか	自分の動き、他の教師との関わりから、どんなズレを感じましたか（それで、あなたはどう対応しましたか）
場面1			
場面2			
場面3			

（2）ステップ2：授業者全員による授業の振り返り

　各授業者が「振り返り表」を持ち寄り、読み合いながら促進者の進行で各授業者が捉えた問題点を全員で確認します。授業録画を視聴しながら、授業者間で一番ズレを感じた場面を「抽出場面」として選び共有します。促進者の進行で、例えば、「場面3の歌を歌う場面を取り上げよう」というまとめ方をします。

（3）ステップ3：授業者全員による授業の振り返り

　ステップ3では、授業全部ではなく抽出場面に絞って、各授業者の実際の行動や内省を分析します。抽出場面について、授業録画を見ながら気になるところで自由に「ストップ」をかけながら話し合いをしていきます。話し合いのゴールは、抽出場面の改善ポイントを導き出すことです。

（4）ステップ4：授業者全員による次時の授業評価

　ステップ3で明確になった改善ポイントを踏まえて、授業実践2（次時の授業）を行います。授業後は、ステップ3で整理した改善ポイントを判断の基準として授業評価2の授業評価をします。

3．授業改善でチーム・ティーチングを機能させる

　対象生徒の実態に示した中学部重複障害学級の授業において、図の手順に沿って、授業改善を試みた事例を紹介します。詳細なデータは示せませんが、ステップ1の段階では授業中にズレを

感じた時に代替策を立てどう対応したかという振り返り表への記述はありませんでした。つまり、授業者はズレを感じても臨機応変な対応が取れないまま授業が進行していたことがうかがえました。ステップ2では、促進者が「この時、あなたはどんな動きをしましたか？」という問い掛けをするようにしました[*4]。情報共有への授業者たちの気づきを促すためです。

　ステップ3になると、録画を視聴しながら抽出場面が、例えば歌を歌う場面や友達と触れ合う場面のように特定されていくので話し合いも活発になってきます。事例では、MT役の教師から「以心伝心ではなくて、MT2さんにはっきり言えばよかったね」などの発言が見られました。促進者の進行もあり、次時の授業に向けての改善ポイントが明らかになることが話し合いのゴールです。こうして事例では、①歌の始め方と終わり方を工夫してみよう、②授業者間の連絡はお互いに大きな声ではっきり言おう、③子供の姿勢には今一度注意していこう、という3点が確認されました。

　従来の授業研究は、「事前の周到な指導案検討→本時の授業→授業後の協議会」というスタイルであることが多いと思います。授業研究会はどうしても授業後の協議会で終わりになることが多いです。しかし、今回は授業実践1を終了後、ステップ3までの手順を通して次時の授業に向けての改善ポイントを明確にした上で授業実践2を行いました。事実授業実践2では、授業者は改善ポイントを意識して授業に臨みました。実際に、ステップ4では「授業のどこが改善できたのか。できなかったことは何か」授業者全員で再度検証することができました。

4．事例を振り返って

　このように、事例では図に示した授業改善の手順に沿って、授業の一つの場面を抽出して、ズレを認識し、共有をしていくことを改善のきっかけにしました。次時の授業に向けて改善ポイントを明らかにできたことは、授業における情報共有や意思決定に関する意識を高めることにつながりました。まさに「教師が変われば、子供が変わる」という効果をもたらしているように感じました。

*4　促進者は、授業者の実践を尊重しながら各授業者の内省や考えを引き出せるように最大限の配慮をして、中立的な立場で進行するよう心掛ける必要があります。例えば、ステップ1では「…について、その時考えていたことを自分の言葉で書いてください」、ステップ2・3・4では「…について、その時考えていたことを自由に発言してください」というような問い掛けをしていくとよいでしょう。なお、促進者から「…してください」「…するべき」といった指示や評価になるような発言は避けたほうがよいと考えます。

【引用・参考文献】
吉崎静夫（1991）教師の意思決定と授業研究．ぎょうせい．
堀公俊（2004）組織を動かすファシリテーションの技術−「社員の意識」を変える協働促進マネジメント．PHP研究所．

事例4 主体的な作業学習を支える自立活動の指導とは

こんな悩みのある方に・・・

悩み12 自立活動の指導におけるティーム・ティーチングは、どのように行えばよいのでしょうか。

悩み13 自立活動の指導と各教科等の指導等を、どのように関連付ければよいのでしょうか。

悩み14 障害種によって、指導内容や指導方法は決まっているのでしょうか。

悩み28 授業に関わる教師間で連携した自立活動の指導は、どのように行えばよいのでしょうか。

この事例から学んでほしいこと

　知的障害のある子供のみならず、特別支援学校で学ぶ知的障害を伴う重複障害の子供の教育において、各教科等を合わせた指導は重要な位置付けとなっています。本事例では、中学部における作業学習に着目し、自立活動の時間における指導との関連を図ることにより、自閉症を併せ有する知的障害のA君の作業学習がより主体的で、効果的な学習となったことについて紹介するものです。知的障害のある生徒の作業学習の在り方について、自立活動の時間における指導との関連から考えます。

対象の子供の実態

　A君は、特別支援学校（知的障害）中学部2年生の男子です。自閉症を併せ有する知的障害の生徒です。知的障害は軽度で、切り替えがうまくいかないとイライラして集中力を欠きます。作業学習では、木工班に属し、本立ての最後の工程である組み立てを担当しています。先を見通して細かな作業に責任感をもって担当することが高く評価されたことによるものです。

1．事例の詳細

特別支援学校（知的障害）中学部2年生のA君は、自閉症を併せ有する知的障害の生徒です。将来、地域において自立した社会生活を営む上で必要な知識、技能などを身に付けることを目指して、A君のクラスでは、各教科等を合わせた指導[*1]、特に作業学習に多くの時間を充てています。A君は担当する作業に対して意欲的、かつ責任感をもって臨みますが、作業を進めるに従い、イライラして集中できない状況になっていました。A君の作業学習を担当する教師は、自立活動の時間における指導（以下、時間の指導）を担当する教師に相談をして、改めて時間の指導で取り上げるべき内容が確認されました。作業学習において、改めて時間の指導との関連[*2]を明確にする必要が生じた事例といえます。

2．実態把握

A君は、作業学習での取組と作品の文化祭での展示、販売との関係を理解し、意欲的に学習に取り組むことができます。担当の作業にも責任感をもって取り組むことができます。歩く・走るなどの粗大運動、握る・つまむなどの微細運動の発達に遅れはありません。一方、こだわりが空回りすることがあり、思うようにいかないとイライラしたり落ち着きがなくなることがあります。

3．指導の実際

（1）作業学習の計画と実施

① 計画立案と指導の体制

木工班は10名の生徒で構成され、5名の教師によって指導が行われています。担当教師全員によって生徒の実態の把握が行われます。生徒の関心や適性等を考慮し、木工作業の各工程にどの生徒を配置、担当させるのかを決定しました。メインティーチャーは授業全体の進行に当たり、その他の教師はサブティーチャーとして各工程での指導を担うことになりました。

② A君の担当作業

木工班の本立て制作の最後の工程である組み立ての作業（電動ドライバー使用）を担当しています。

③ A君の作業の取組状況と課題

A君は工程の重要性を理解して、意欲的かつ集中して作業に取り組むことができます。きめ細やかな仕上げにこだわり、丁寧な作業を行っています。

作業が始まってしばらくすると、A君の表情が険しくなり、イラ

[*1] 各教科等を合わせた指導は、学校教育法施行規則第130条2項の規定によって、知的障害がある児童生徒の教育を行う場合において、特に必要がある時は、各教科、道徳、外国語活動、特別活動及び自立活動の全部又は一部を合わせて授業を行えるとしたものです。各教科等を合わせた指導の根拠規定となっています。形態としては作業学習の他、生活単元学習、日常生活の指導、遊びの指導があります。

[*2] 自立活動の時間における指導と各教科等との関連については、平成29年に告示された特別支援学校小学部・中学部学習指導要領の総則に「自立活動の時間における指導は、各教科、道徳科、外国語活動、総合的な学習の時間及び特別活動と密接な関連を保ち、個々の児童又は生徒の障害の状態や特性及び心身の発達の段階等を的確に把握して、適切な指導計画の下に行うよう配慮すること」とされました。

イラして集中を欠くようになりました。担当教師は、いつもあることなのでいったん作業を中止させ、落ち着いたところを見計らい、作業を再開させました。ほどなくしてＡ君は再び落ち着かない表情になりました。メインティーチャーは、これ以上Ａ君が作業を継続することは困難であると判断し、作業を中断させました。

（２）作業学習の過程でＡ君に何が起こったのか？

　授業終了後、作業学習の担当教師にＡ君の学習の様子について振り返ってもらいました。担当教師によれば、電動ドライバーでの作業の後半になると、いつも集中に欠ける傾向にあることが判明しました。製作途中の作品を確認したところ、ネジくぎが最後まで打ち込まれていないこと、ネジ山が少し崩れていることが確認されました。作業学習では、Ａ君はこれまでも集中し、作業パフォーマンスも高いことから、なぜイライラし集中に欠けるのかが担当教師には理解できませんでした。担当教師は、Ａ君の電動ドライバーの習熟度が低いことが原因であると考え、毎時、作業前に電動ドライバーの扱いを繰り返し練習していました。その間、完璧に作業を進めたいＡ君にとっては、作業過程でのネジ山の崩れが苦痛であったのです。

　改めて自立活動の時間における指導を担当する教師（以下、時間の指導担当教師）に、作業学習場面に立ち合ってもらい、作業の状況を観察してもらったところ、「ネジくぎは、電動ドライバーで打ち込まれる過程で徐々に抵抗が強くなるので、これに応じて電動ドライバーの押し込みも徐々に強めていく必要がある。Ａ君は、終始一定の力で打ち込むため、前半はともかく、くぎの抵抗が強くなる後半になると、それ以上の押し込みができなくなり、また電動ドライバーの空回りによるネジ山の崩れが生じる」との指摘がありました。ネジくぎの抵抗に応じて、電動ドライバーの押し込む力のコントロールができていないことに原因を見出したのです。

（３）作業学習におけるＡ君の学習の困難さに対応した自立活動の時間における指導

　後日、作業学習の担当教師の立ち合いのもと、時間の指導担当教師によって作業学習前に時間の指導が設定（10分程度）されました。

① 指導の手順

ア）押し込む力（入力）のコントロール学習（動作法*3を参考）

・時間の指導担当教師と生徒が向き合っていすに座ります。
・肩の高さで教師と生徒の利き手側の手のひらを合わせます。
・手を合わせた状態で教師は腕をゆっくり伸展させて、生徒の肘を屈曲させ、手が肩の手前に位置付くようにします。

＊3　動作法は、成瀬悟策らによって開発され、「動作」を意図―努力―身体運動の過程で定義されました。意図したことが身体運動として発現しない場合を「動作不自由」としました。人の動作に心理過程を位置付け、誤った学習などによる努力の仕方が動作不自由を招来すると考えます。正しい動きを学習することにより、動きの改善を図るため、心理リハビリテーションとも言われます。

- 教師は「同じ力でゆっくり先生の手を押してごらん」と生徒に指示します。生徒の押し出す手の位置が真っ直ぐになっているか（力の方向）、押し出す力が一定か（力の程度）に留意し、必要に応じて生徒の入力に修正を求めます。
- 「次に、手を合わせたまま先生の言う通りに押してください」と教示し、ゆっくりと押し出させます。「ここから少しずつ力を入れてください」「最後にぐっと力を入れて押し出しください」と押し出す方向を確認し、入力を徐々に高め、最後に一気に押し込むように指示します。

（イ）入力コントロールの作業学習での応用

（ア）の入力コントロールができたら、作業学習での指導に移ります。

- 「これから作業に入ります。自立活動の先生と一緒に学んだことを思い出して、ドライバーで力を加減してネジくぎを押し込んでみましょう」と説明します。立った状態で脇を締めさせ、板同士をセッティングして次の教示をします。
- 「はじめはゆっくりと押し込みます。そして少しずつ押し込む力を強くしていきます。そう上手です。そして最後にぐっと力いっぱい押し込みます」と、作業での入力の状況を見て言語で指示します。

② 指導の経過と結果

（ア）での押し込む力のコントロールは、はじめこそ動きの滑らかさに欠けましたが、教師の誘導する力に応じられるに従い安定しました。（イ）での作業学習での応用では、担当教師の言語指示に従って入力の仕方を変化させ、最後の押し込みもできました。ネジ山の崩れがなくなり、その後の作業も安定しました。A君の作業でのイライラは解消し、成就感に満ちた表情が見られるようになりました。

4．事例を振り返って

生徒は、作業学習を通じて地域社会において自立し社会参加する上での基礎的な態度、知識、技能等を習得することが期待されます。A君の作業学習での困難さは、繰り返しの学習では解消されず、改めて時間の指導との関連から整理、検討されました。時間の指導は、作業学習での困難さを的確に分析・把握し、A君の主体的な学習として取り組まれることで、作業学習での意欲や成就感を高めることになりました。関係教師間の連携による時間の指導と教科等との指導の密接な関連を図ることは、今後、小学校等での特別支援教育の充実にも具体的な示唆を与えるものと期待できます。

事例5 教科の学びを支える自立活動の指導とは

こんな悩みのある方に・・・

悩み10 子供の困難の背景にある要因を、どのように見極めたらよいのでしょうか。

悩み13 自立活動の指導と各教科等の指導等を、どのように関連付ければよいのでしょうか。

悩み16 学習指導要領に示された自立活動の区分や内容を、どのように関連付ければよいのでしょうか。

悩み27 教科学習における困難さに対して、どのような手立て・配慮を考えればよいのでしょうか。

この事例から学んでほしいこと

　特別支援学校学習指導要領では、「自立活動の指導は、各教科等他領域における指導と密接な関連を保ち、障害の状態や特性及び心身の発達の段階等を的確に把握して、適切な指導計画の下に行うよう配慮すること」と示されています。肢体不自由児の指導では自立活動といえば「身体の動き」となりがちですが、この事例では、「教科の学びを支える」という視点から見た時に、自立活動で何を指導するのかをどう導き出し、どう関連付けて指導すればよいか、その手続きを大切にしました。

対象の子供の実態

　特別支援学校（肢体不自由）小学部1年生の脳性まひの子供です。楽しく先生や友達とおしゃべりをしたり、教科学習に取り組んだりする中で、自分の考えを言葉で表現することができ、基本的な生活習慣などは身に付いています。ウォーカーを使って歩行していますが、長距離の場合は車いすを自分で操作して移動しています。教科学習を進めるに当たって、落ち着きのなさや注意力が持続しにくい点、ちょっと頭の中に留め置いて考えることの苦手さ、気持ちが盛り上がった時のコントロールの利かなさなどが気になりました。その点が今後の学習の定着に影響をもたらすことが予想されました。

1．教科学習を進めるに当たって

　肢体不自由のある子供の教科学習を進める上でおさえたいことがあります。まず、運動・動作や認知、言語等の面で障害特性[*1]による学習の困難さを把握すること。次に、活動量の確保、適切な指導内容の設定、適切な教材選択、学習集団の確保ができるかどうか。自立活動との関連から見ると、不随意な運動やまひなどに関連して「姿勢保持」や「代替手段」への策だけでなく、肝心の「分かりやすさ」への配慮ができているかということです。

　したがって、教科学習を進めるに当っては、学習上の困難や経験の不足につながっている生活上の困難を、多面的・総合的に分析し、指導や支援の手掛かりを検討することが必要となります。

2．事例児の実態把握

（1）知能検査から予想される学習上のつまずき

　就学前のWISC-Ⅲ知能検査[*2]の結果によれば、FIQ[*3]は知的障害との境界線と捉えられる数値でした。下位検査項目の結果から「目で見たことを理解すること」「物事を空間的・総合的に処理すること」「ことばや数をすぐに覚えたり数を操作すること」「注意の集中や持続」「形を正確に捉えること」「目と手をすばやく協応させること」などが基礎的な困難として予想されました。

（2）日常の行動観察や教科学習の中での様子

　日常生活の様子や教科指導を行う中で、検査結果から予想されたことが観察と一致することもありました。落ち着きのなさや聞いているだけでは注意が持続しないこと、一文字読みなどです。学習用具を粗雑に取り扱う様子や爪噛み、触覚過敏なども見られました。しかし、繰り返したり、パターン化したり、自分で口に出して言って反復すれば身に付きやすい様子が見られました。

（3）指導の仮説

① 状態の仮説

・身体の諸感覚の育ちの未熟さ：眼球運動や平衡感覚、固有感覚等の感覚面の育ちが不十分なためボディイメージ[*4]が描きにくく、目や身体の使い方が上手ではないのだろうと考えました。
・ワーキングメモリー（作業記憶）[*5]の弱さ：指示を聞き、文字に置き換え、情報を記憶するという過程が苦手な様子からワーキングメモリーの弱さが考えられました。

② 指導仮説

　身体の感覚の育ちを促し身体のコントロール能力を向上させるような指導や、ワーキングメモリーを補う工夫をすることで、衝

[*1]　肢体不自由のある子供は、運動・動作面では、まひによる書字や生活動作、歩行等の困難が見られます。認知面では、理解の仕方や物の見え方（視知覚認知）などにも特性が見られます。空間の捉え方として例えば、

左の形をなぞらせると…
このように三角を4つ書く子もいます。

また、言語面では構音のまひなどが見られる子がいます。

[*2]　WISC-Ⅲ（Wechsler Intelligence Scale for Children-Ⅲ）知能検査は、ウエクスラーが開発した知能検査のうち、子供（5歳～16歳）を対象とした検査の第3版です。包括的な一般知能を言語性、動作性、全検査の3種類のIQによって測定します。因子分析から得られた4つの群指数（言語理解、知覚統合、注意記憶、処理速度）により、子供の指導に有効な資料を提供するものです。現在は第4版のWISC-Ⅳが用いられています。

[*3]　WISC-Ⅲにおける結果を表す値の一つで、FIQは全検査IQを指します。

[*4]　私たちは普段、一つ一つの自分の動作を目で見て確認しなくても、例えば、人ごみの合間をぶつからずに通れたり、しゃべりながら階段を昇り降りできたりします。それは、自分の身体の大きさやできる動きなど、身体の輪郭や手足を動かすイメージをつかんでいるからです。洋服の脱ぎ着や箸の動かし方など生活動作も同様です。手足のまひがなくてもこのボディイメージが育まれていない子供は、不器用さをもち合わせていることが多いです。

動的な動きや多動的な動きが減り、落ち着いて行動することができ、教科の力も向上するのではないかと考えました。自立活動としてこれらのことをおさえて指導に当たることにしました（図1）。

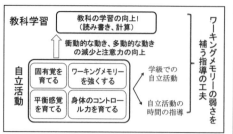
図1　指導仮説

3．指導の実際
（1）自立活動の指導
① 自立活動の指導目標

「目や身体の使い方の機能を向上させ、落ち着いて行動することができる」と設定しました。

② 指導の実際

（ア）自立活動部教師による時間の指導（週3時間）

運動機能の向上を目指して、大型遊具の使用、身体の緊張のゆるめ、体幹や下肢で支持した立位姿勢、下肢の随意性の向上にむけた歩行などを行いました。1年半くらい経つと、体育館の入口からステージまでの距離を独歩できるようになりました。

（イ）担任による学級での自立活動の指導（教科学習の前後）

教室内でも時間がある時に、感覚機能の向上や気持ちのコントロール力の向上を目指して、回転刺激や、揺れ刺激、背中や腰回りのゆるめ、目の使い方の練習、呼吸練習などを行いました。

（2）教科学習の指導

障害特性に考慮した教科学習の指導を行いました。特に、ワーキングメモリーの弱さを補っていくようにしました。

① 書字は、文字の形を意識しやすいように筆順や線の特徴を音声で言いながら覚えられるようにしました*6。また、文字の形のバランスを整えるために、パーツに注意が向けられるようにしました。例えば、「中」という字を書くために「口」を細長く書くということを意識付けていくことなどです。

② 読みは、一文字読みから文字の連なりを見つけやすくするために、単語の切れ目にスラッシュを入れました。

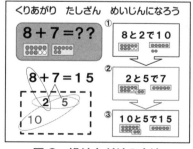
図2　繰り上がりの方法

*5　ワーキングメモリーとは、作業や動作に必要な情報を一時記憶し、それを使って処理する能力です。作業記憶と呼ばれることもあります。脳内に入ってきた情報を脳内に留め置き、どの情報に対応すればよいか整理し、不要な情報を削除する役割があります。ワーキングメモリーが弱い場合は、例えば、黒板に書いてあることをノートに書き写すまでに覚えておけなかったり、たくさん情報が入ってきたら何を大事に考えればよいか、分からなくなり混乱してしまうこともあります。

*6　漢字の書字指導は以下の4つの方法が多く用いられています。①漢字の形を言語化することによって文字の空間的パターンを言語的手掛かりに置換える方法。②漢字を粘土で作ったり、竹ひごで組み立てたりするなど触覚的手掛かりに置換える方法。③漢字をつくりやへんに分解し、全体の文字がそのような簡単な形態の組み合わせと見えるようにし、形態として捉えやすくする方法。④漢字を構成している線の始点の位置、順序、方向性を示し運動の流れを習得する方法。

音韻意識を育てるために、しりとり、単語の逆読みなどを行いました*7。

③「今何をどう考えるのか」具体的に提示し、パターン化するようにしました。例えば算数の繰り上がりの計算は、通常は頭の中で一度に行う計算を、3つのステップに分けて（図2の①②③）一つ一つ数式の下に書く作業を行うことで、スムーズに計算できるようになりました。このように計算の過程をパターン化し、途中頭に留めておかなければならない部分を書き留める方法が有効でした。

④ 順序立てた具体的な指示

多くの情報から大事なものを抜き出しにくいため、「丁寧な説明より簡潔な説明」「情報量を減らす」「子供が慣れ親しんだ情報を使用」「課題を単純にし、細かくステップアップ」「覚えるべきことを繰り返し声に出す」などを心掛け指導しました。

⑤ 視覚と聴覚の活用

十までの加減法は、指の使用からなかなか抜け出せませんでした。数図ブロックや数え棒で実際に数える以外に十までの合成分解カードで視覚的な助けも借りた学習を行いました。

（3）教科学習における取り組み方の変化

1年半くらい経つと、気持ちを落ち着けて学習に取り組めたり、話を聞く時間が長くなったり、思いついたらすぐ言うのではなく自分で考えてから言えるようになってきました。

学習への取り組み方の変化に伴い、書字が変化してきました。意識して枠の中に文字を書こうとし、落ち着いて集中して文字を書く様子が、書いた字からも読み取れます（図3）。

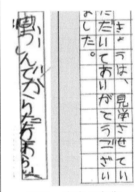

図3　書字の変化

*7　文字の読み書きができるようになるには、視覚認知の力を知っておくことが大事です。例えば、フロスティッグ視知覚発達検査法では、①視―運動協応、②図―地の弁別、③形の恒常性、④空間の位置・方向知覚、⑤空間関係の知覚という観点から視知覚の力を評価することができます。

4．事例を振り返って

教科の学びのために必要な力を自立活動の視点で把握し、自立活動として指導したことが、教科の学びの基礎・基本に不可欠な学習態度の形成や、読み書きの力、数の習得につながったと考えます。教科を支える自立活動の意味がそこにあると思います。

【引用・参考文献】

国立特別支援教育総合研究所（2012）肢体不自由のある児童生徒に対する言語活動を中心とした表現する力を育む指導に関する研究―教科学習の充実をめざして―, 専門研究B 平成22年度～23年度研究成果報告書, 114-115.

奥谷望・小枝達也（2011）漢字書字に困難を有する児童の要因に関する研究, 地域学論集（鳥取大学地域学部紀要）第8巻 第2号, 201.

尾﨑美恵子（2013）教科指導の授業―国語と算数を中心に―, 肢体不自由教育 No.211 授業力向上につなげる基礎・基本, 日本肢体不自由教育研究会.

事例 6 日常生活の指導（食事）に生かす自立活動の指導とは

こんな悩みのある方に・・・

悩み13 自立活動の指導と各教科等の指導等を、どのように関連付ければよいのでしょうか。

悩み14 障害種によって、指導内容や指導方法は決まっているのしょうか。

悩み17 あらかじめ決められた指導内容や指導方法がありますが、子供の主体的な学びが実現できているのか不安です。

悩み20 日常生活動作の獲得に向けて、自立活動の指導と日常生活場面を、どのように関連付けて指導すればよいのでしょうか。

この事例から学んでほしいこと

特別支援学校学習指導要領において、知的障害者である児童生徒に対する教育を行う際は、特に必要がある場合は、各教科、道徳科、外国語活動、特別活動及び自立活動を合わせて指導を行うなど効果的な指導方法を工夫するよう示されています。本事例では、各教科等を合わせた指導として実施している給食の時間の指導を紹介し、各教科等を合わせた指導と自立活動の時間における指導との関連について考えます。

対象の子供の実態

重度の知的障害と自閉傾向のあるAさんは、特別支援学校（知的障害）高等部1年生です。Aさんが在籍するB特別支援学校では、給食の時間は教育課程上日常生活の指導として位置付けられていました。Aさんは、自分でスプーンを持って口の中へとり込み、咀嚼や嚥下を行うことは可能でした。しかし、舌の可動域が狭く動きも滑らかではなかったため、口唇と歯茎の間に食べかすがたまりやすくなってしまい、食後に、口から吐き出すこともありました。

1．事例の詳細

　B特別支援学校では、給食の時間は日常生活の指導として教育課程上、位置付けられていました[*1]。筆者が担当したAさんは、舌の可動域が狭かったり、口唇閉鎖が難しかったりしました。そこで、自立活動の時間の指導の中で舌の可動域を広げたり、頬の筋肉をゆるめたりする指導を行いました。指導を重ねていくと舌の可動域が広がり、頬の筋肉がゆるんでいきました。その結果、食事中や食後に自分の意図する方向へ舌を動かしながら、咀嚼や歯茎に挟まった食べ物の除去を行うようになりました。

[*1] 摂食機能に課題がある子供というと肢体不自由児を連想する方も少なくないと思いますが、知的障害児の中にも機能面に課題がある場合があり、適切に指導を行っていくことが必要です。その指導が給食場面だけでは難しい場合は、自立活動の時間の指導との関連性を検討する必要があります。

2．実態把握

　Aさんの実態は図1のようにまとめられました。Aさんは、食べ物をスプーンを使って自分でとり込み、咀嚼し嚥下を行うことが可能でした。しかし、舌があまり動かず、口唇閉鎖が

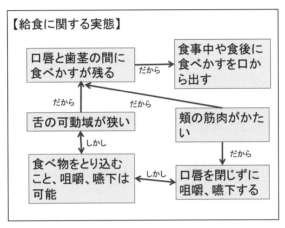

図1　給食場面における実態把握図

難しい状態でした。加えて、口唇と歯茎の間に食べかすが残るのは、舌の動きの問題と頬の筋肉のかたさによるものではないかと考えました。また、口腔内に食べ物が残る不快感からか食べ物を口外へ吐き出してしまう様子も見られました。また、歯磨きを嫌がる傾向にもあり、歯磨きが十分になされず、食べかすが残った状態が続けば、虫歯等になる可能性もあり、将来の食生活に影響が及ぶことも考えられました。

　この時点で、Aさんがこぼさず食べられるようになるには、口唇を閉じて食べられるようになることが必要だということが分かってきました。加えて、舌の可動域の拡大や頬の筋肉をゆるめることの必要性もあると思いました。

　そこで、日常生活の指導（食事）の中だけでは指導しきれない摂食機能の改善に関する内容は、自立活動の時間における指導の中で取り組むこととしました。

3．指導の実際

指導を始めるに当たり、言語聴覚士の資格を有する近隣の大学教員にAさんの実態を説明し、指導方法について助言を求めました。大学教員からは、バンゲード法*2を参考にした口腔運動機能を高める方法を紹介していただきました。この助言を参考に以下の指導内容と方法を考えました。

	指導内容と方法
展開①	【口唇と頬の筋肉をゆるめる方法】 ・上下の口唇を右・中・左の順でつまむ（写真1）。 ・口内に教師の指を入れて頬を押す（写真2）。
展開②	【舌の可動域を広げる方法】 ・チョコジャムを上下左右の口唇に順番につけて舌で取らせる。 ・スプーンにチョコジャムをつけて舌の前方でなめ上げさせる。

なお、この指導は自立活動における時間の指導（週5日、13：25〜14：05）の一部で行いました。

給食場面では、スプーンですくいやすい大きさに刻んだり、皿の縁が内側に向いている介助皿を用意したりしました。加えて、シリコンでできたスプーンを使用し、口腔内での刺激を抑える配慮もしました。さらに、舌を動かしているかの評価を行いました。

4．Aさんの変容

身体の中でも口やその周辺は、比較的敏感だといわれています（例えば、坂本・花熊（1997）や川上（2005）など）。そのため、Aさんの口腔内に教師の指を入れて頬を押す指導は、5〜10秒にしました。はじめは、嫌がることもありましたが、指導を重ねていくと嫌がらずに受け入れられるようになりました。

Aさんは甘い物が好きだったので、舌のコントロールの学習*3にはチョコジャムを使用しました。この学習中には、要求サインや笑顔、喜んでいる声が出ました。しかし、舌の可動域が狭かったので、はじめは舌が突出せず、教師の方で舌の先にチョコジャムをつけました。

しばらくすると、Aさんも口唇やスプーンにチョコジャムがついていることが分かり、舌を一生懸命動かそうとする様子が見られました。

そのうち、上唇やスプーンについたチョコジャムを舌でなめることができるようになりました。そこで、少しずつ上唇の左右にチョコジャムをつけたり、スプーンの位置をAさんの口唇から離したりしました。Aさんの舌先も左右や前方に少しずつ動くよう

*2 バンゲード法（The Methods of Vangade）は、デンマークのバンゲード小児病院の歯科医（ビョーン・G・ルセール：Dr.Bjorn G.Russell）と理学療法士らによって始められました。この方法は、1982年に金子芳洋氏によって日本に初めて紹介され、バンゲード方式Ⅰ、Ⅱに細分されています（日本摂食嚥下リハビリテーション学会医療検討委員会，2014）。

写真1

写真2

*3 Aさんの中心課題は、教師の指示や誘導に応じて身体を動かすことでした。舌のコントロール等の学習は、この中心課題に合致すると考えて実践をしました。

になりました。左右の口角へ舌先をつけることまではできるようになりませんでしたが、真横に近い位置までは動かせるようになりました。

　舌の可動域が広がったＡさんは、食事中や食後に舌を自分の意図する方向へ動かせるようになり、口唇と歯茎の間に挟まった食べ物も自分の舌で取るようになりました。このようなことが可能になったことには、舌のコントロールの指導はもちろん、口唇や頬の筋肉のゆるめも影響したのではないかと考えます。さらに、自立活動の時間における指導や給食の時間に筆者以外の教師が担当しても同じような成果が見られ、Ａさんにきちんと身に付いた力であると評価しました。

5．指導を振り返って

　各教科等を合わせた指導は、知的障害者である児童生徒に対する指導を行う特別支援学校においては、効果的な指導であるということが従前からいわれてきました。実際に指導する際には、どの教科や領域を合わせて行っているのか、どの段階の目標や内容を扱って指導を行っているのかを明確にしておく必要があります。また、教育活動全体を通じて行う自立活動との関連も明確にしておく必要があります。

　本実践では、Ａさんの給食の時間での実態把握だけでなく、各教科の段階や自立活動の内容を再確認しながら明確にしていきました。その上で、自立活動の時間の指導に舌の機能を向上させるための指導を行い、給食場面での般化を促しました。さらに、将来の生活を見通し、誤嚥予防や口腔内の衛生については指導が必要と考え、摂食機能の改善が重要とおさえて指導を展開してきました。

　本事例を通して、改めて指導と評価の一体化の重要性を確認することができました。自立活動の時間の指導の成果が日常生活の指導（食事）で生かされたからこそ、Ａさんの摂食に関する成長があったのだと思います。そして、この指導と評価の始まりには、Ａさんの食事に関する実態把握がありました。実態把握の重要性にも改めて気づくことができました。

【引用・参考文献】
川上康則（2005）感覚を育てる指導―触覚防衛を軽減させ、周りの世界との関係を築く―．全国肢体不自由養護学校校長会　特別支援教育に向けた新たな肢体不自由教育実践講座．ジアース教育新社．
坂本龍生・花熊暁（1997）新・感覚統合法の理論と実践．学習研究社．

事例 7 身体の動きを介して、対人関係・コミュニケーションを育む

こんな悩みのある方に・・・

悩み10 子供の困難の背景にある要因を、どのように見極めたらよいのでしょうか。

悩み14 障害種によって、指導内容や指導方法は決まっているのでしょうか。

悩み15 自立活動の指導に当たって、どのように発達の道筋をおさえればよいのでしょうか。

悩み16 学習指導要領に示された自立活動の区分や内容を、どのように関連付ければよいのでしょうか。

この事例から学んでほしいこと

知的障害児においては、言語、運動、情緒、行動等の特定の分野に、顕著な発達の遅れや特に配慮を必要とする様々な状態が見られることが特別支援学校学習指導要領に記載されています。実態把握を行うと様々な学習上又は生活上の困難が見えてきます。子供の全体像から行動の背景要因を探り、中心的な課題を導きだし、指導につなげるためのプロセスを参考にしてください。

対象の子供の実態

重度の知的障害と自閉傾向のあるAさんは、特別支援学校（知的障害）高等部1年生です。前年度の個別の課題学習（自立活動の時間における指導）の時間には、型はめパズルや色のマッチングなどの学習を行ってきたという引継ぎがありました。前年度にならって指導を始めましたが、離席や泣き叫びなどの行動があり、なかなかうまく指導を重ねることができませんでした。そこで、もう一度実態把握を行い、Aさんの実態から指導課題を考えてみることにしました。

1．事例の詳細

重度の知的障害と自閉傾向のあるAさんは、離席や泣き叫びなどの行動があり、担任である筆者は指導に難しさを感じていました。そこで、Aさんに関わる複数の教師の情報やAさんが利用していた福祉事業所の職員から情報を提供してもらい、実態把握図の作成に取り組みました。実態把握図を作成したことで、Aさんの全体像や中心課題が見えてきました。中心課題へのアプローチが不安感や嫌悪感の軽減につながり、担任との対人関係やコミュニケーションの改善が見られ、学習課題を遂行することができました。

2．実態把握

Aさんの実態把握は図1のとおりです。

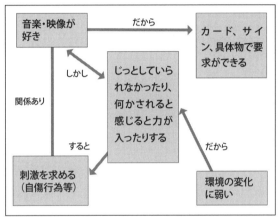

図1　Aさんの実態把握図

Aさんは、カードやサインなどを使って要求を教師に伝えることができました。これは、音楽や映像が好きといった意欲付けや動機付けがあるからだと考えました。一方で、じっとしていられなかったり、何かされると感じると身体に力が入ったりする様子が見られました。そして、意思の表出が読み取りにくく、痛刺激への鈍さが自傷行為としてあらわれ、習慣化された行動につながっていると考えました。この回避行動は、新しい場所、人、活動において、多くあらわれることも分かりました。

そこで、不安感や嫌悪感を軽減させることが要求行動の拡大や自傷行為の減少につながると考えました。それには、まず教師とのラポートの形成をねらった指導と手立てや配慮を設定していくことにしました。

3．指導の実際

目標設定においては、安藤（2001）の課題の設定と構造化を参考に、まず今年度の目標を設定しました。次に今年度の目標から学期の目標と発展目標（3年スパン）を設定しました（図2）。

【発展目標（3年スパン）】
●教師の指示や誘導に応じて40分程度の学習活動ができる。

【今年度の目標（1年スパン）】
●教師の指示や誘導に応じて10分〜15分学習活動ができる。

【学期の目標（学期スパン）】
●教師の指示や誘導に応じて5分程度の学習活動ができる。

図2　Aさんの各目標の関連図

　これらの目標を達成するための学習内容を考えました。Aさんは、腰を曲げて前傾姿勢で立ったり、歩いたりすることがありました。加えて、膝が反張することもありました。このような状態を見て、膝や背中に力が入りやすいのではないかと考えました。そこで、動作法のモデルパターンである側臥位で上半身や下半身をひねる動きなどを行い、身体をゆるめようと考えました。身体を伸ばす心地よさやゆるんだ後のスムーズな動きなどを実感できれば、学習意欲や教師への信頼感の向上につながるのではないかとも考えました。

　また、自分の頭をたたいたり、人の服などを引っ張ったりする行為も見られました。さらに、教師から握手を求められてもすぐに手を振り払ってしまうこともありました。この他にも触覚防衛反応のチェックリスト（川上，2008）に当てはまる行動がありました。川上（2008）は、触覚の防衛反応を軽減する指導プログラム*3について、指導者が触れてあげるパッシブタッチが重要な指導方法であると述べており、Aさんにおいても川上（2008）の実践を参考に取り組んでみようと考えました。

　これらの学習は、表1のように構成し、自立活動の時間の指導（週5日、13：25〜14：05）において行いました。

*1　膝が反対側に反り返った状態。

*2　動作法は、当初、主として脳性まひの子供の動作の改善のために開発されましたが、それが、肢体不自由児の動作の改善にとどまらず、自閉・多動児、重度知的障害児、重度重複障害児等の行動改善にも効果を示すことが分かり、その適用範囲が広がっていきました（大野・村田，2003）。

*3　川上（2008）によると、自分から能動的に触っていく「アクティブタッチ」と、受け身的に触られる「パッシブタッチ」があります。自閉症や知的発達の遅れが重度な子供たちの場合、アクティブタッチの課題設定だけでは「自己刺激遊び」に留まってしまうケースが多いことも先行指導事例で報告されています。

表1　自立活動の時間の指導における学習内容

時間	学習内容
5分	① 音楽鑑賞
10分	② パッシブタッチの学習
5分	③ 音楽鑑賞
15分	④ 動作法（上半身をひねる学習、下半身をひねる学習、腕の上げ下げを行う学習）
5分	⑤ 自由遊び

指導開始当初、側臥位で上半身をひねる学習では、すぐに上体を起こしてしまい、上半身をゆるめるまでには至りませんでした。パッシブタッチの学習においても、握手した手を離そうと力が入ることが多くありました。この頃、他の友達も一緒に教室内で学習しており、友達や教師の声が聞こえたり、友達の学習の様子が見えたりしていました。そこで、教室を移動し、人や物などの刺激を少なくした状態で学習するようにしました。加えて、学習の合間には、Aさんの好きな音楽鑑賞を取り入れ、学習意欲の向上につなげられるようにもしました。

　これらの工夫や配慮を行うと、次第に上半身をひねる学習においても側臥位になり、力を抜いて行えることが増えました。パッシブタッチの学習でも同様に握手をしていられる時間が増えました。継続して、落ち着いて学習が行えるようになった頃に、自教室に戻って学習を行いましたが、教室に戻っても別室の時と同様に落ち着いて取り組むことができました。

4．事例を振り返って

　本事例を振り返り、人や場所、時間などの環境を整えることの重要性に改めて気づかされました。さらに人（教師）との対人関係やコミュニケーションの力が向上されていくと、多少の場所や時間などの変更があっても学習が行えることが分かりました。

　本事例において、身体の動きを介した学習は、有効であったと考えます。言語ではなく、生徒の身体や動作を媒介にしながら教師の提示した動作を遂行していく過程で、生徒と教師の身体を通したやりとりが生まれ、相互理解も育まれることが確認できました。

　さらに、このような実践に至った過程には、実態把握図の作成があります。何が中心的な課題なのか、表立った行動の背景要因は何なのかが明確となり、指導内容も考えやすくなり、Aさんの成長に役立てることができました。

【引用・参考文献】
安藤隆男（2001）自立活動における個別の指導計画の理念と実践―あすの授業を創造する試み―．川島書店．
大野清志・村田茂（2003）動作法ハンドブック―応用編―．慶應義塾大学出版会．
川上康則（2008）実態把握と授業づくりに役立つ「触覚」のはなし．飯野順子・授業づくり研究会Ⅰ＆Ｍ編著．障害の重い子どもの授業づくり Part2．ジアース教育新社．

事例 8 発達の諸側面に影響を及ぼす座位姿勢の安定を図る

こんな悩みのある方に・・・

悩み 14 障害種によって、指導内容や指導方法は決まっているのでしょうか。

悩み 15 自立活動の指導に当たって、どのように発達の道筋をおさえればよいのでしょうか。

悩み 16 学習指導要領に示された自立活動の区分や内容を、どのように関連付ければよいのでしょうか。

悩み 18 重度重複障害の子供の実態把握を行う際に、何を手掛かりに行えばよいのでしょうか。

この事例から学んでほしいこと

　重度重複障害のある子供の認知・コミュニケーションの発達の基盤を培う上で、姿勢や身体の動きの学習がとても重要になります。座位姿勢を自分でコントロールできるようになることは、座位で手を使うなどの学習活動がしやすくなるだけでなく、空間における自分と物との位置関係の理解や空間の概念の形成に大きく影響します。また、子供が主体的に外界への働き掛けようとする気持ちも活性化されやすくなります。

対象の子供の実態

　Aさんは特別支援学校（肢体不自由）小学部5年生で、外傷後遺症により右片まひがあり、成長期に伴い軽い側弯（そくわん）が見られます。自立活動を主として編成される教育課程で学んでいます。簡単なやりとりが少しずつ見られるようになってきており、個別の指導計画においては、「能動的に人や物に関わり、関わりを楽しめるようになること」を中心的な課題としておさえました。自立活動の時間における指導では、座位姿勢の安定や動きの自己コントロールの向上を目標にして取り組みました。

1．Aさんにとっての座位姿勢の安定について

指導者集団のケース会でAさんについて現状と課題を整理しました（図1）。

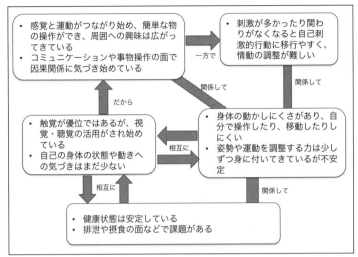

図1　Aさんの実態把握図

Aさんは認知面に関しては、触覚が優位で音のする方を向いたり、人や物を追視したりする様子も見られます。しかし、自分で座位を保持するなど姿勢を調整することや上肢の動きを細かくコントロールすることの難しさがあります。そのことが目で対象を正確に捉えたり、事物を操作したりすること、そうした活動によって育つ因果関係の理解を阻害しやすくしていることが見えてきました。

コミュニケーション面では、他者に向かって手を伸ばしたり、手あそびの場面などで期待する表情が見られ始めたりしています。一方で、姿勢が崩れたり提示される情報が多かったりすると、状況を把握できず、気持ちが高まりすぎて自己刺激的行動や自傷行為に移行しやすい様子でした。Aさんにとって姿勢を保持するなどの動きの課題が、認知の課題、コミュニケーションの課題に関連していました。

これらのことを自立活動の視点から整理すると、「身体の動き（姿勢の安定・事物操作）」と「環境の把握（感覚の活用・因果関係の理解）」と「人間関係の形成・コミュニケーション」が密接に関連していることが分かります[*1]。

そこで、キャリア発達を促す視点も踏まえ、Aさんの個別の指導計画において「能動的に人や物に関わり、関わりを楽しめるようになること」を中心的な課題としておさえました。自立活動の時間における指導では、目と手の協応性や簡単な因果関係の理解

[*1] Aさんにとっての座位姿勢の安定が何につながるのか、自立活動の区分同士の関連性をおさえることが大切です。

を高めるための下支えとして、座位姿勢の安定や動きの自己コントロールの向上を目標の一つとして取り組みました。

2．座位保持の安定を図るための「授業における実態把握」

実際に自立活動の時間における指導で授業を行うに当たり、「座位姿勢が安定する」ためには「どこが、どうなればよいのか」について整理をしました（図2）。

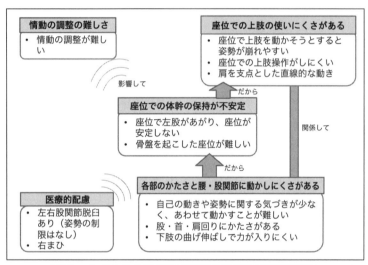

図2　Aさんの座位姿勢の安定に関する実態把握図

実態把握図から、Aさんの上肢操作のしにくさは座位の不安定さとの関連が大きく、また座位が不安定になる背景として、自己の動きや姿勢に関する気づきがまだ少ないことや慢性的に腰・肩回りなどの各部に緊張が入りやすく動かしにくいことが挙げられました[*2]。

＊2　身体の動きの学習の際は脱臼や骨折などの事故を防ぐため、姿勢の制限や服薬等による骨への影響など、医療的な配慮事項を再度確認しておきましょう。

3．指導の実際

【指導目標】
・自分の身体の状態や動きに気づいて緊張をゆるめたり、援助の動きに合わせて動かしたりすることができるようにする。
・上体を保持する力を入れ、軽い援助を受けて自分で支えられるようにする。
・自分で座位を保持する力を入れながら、手で教材を操作することができるようにする。

（1）指導内容

自立活動の時間における指導においては、前半に感覚や動きの学習をして、後半に座位での事物操作などの認知発達課題にも取り組みました。

	主な指導内容
導　入	はじめの挨拶
展開①	・手足に触れて感覚を明確にする。 ・仰臥位になり腕・肩・腰周りに入る力に気づいて、自分でゆるめたり入れたりする。
展開②	・あぐら座位で、腰を起こす力を入れたり抜いたりする[*3]。 ・上体を前後左右に動かしながら、保持する力を入れる。
展開③	・あぐら座位（又はいす座位）で対象を目で追ったり、教材を操作したりする。
まとめ	おわりの挨拶

*3　座位の安定には骨盤を立てる動きの学習が重要です。骨盤の上に上体がしっかり乗ることで身体を支える感じをつかみ、保持する力につながります。

（2）自立活動の時間における指導のAさんの変容

　指導開始当初、あぐら座位をAさんは腕や肩に力を入れ、股も引き上げて座ろうとしていました。寝た姿勢での腕や脚などの曲げ伸ばしの動きを通して次第に緊張に気づいて自分でゆるめたり、援助の動きに合わせて一緒に動かしたりできるようになってきました。あぐら座位では、お尻で座る感じがつかめてくると肩や股に入る緊張も少なくなり、年度末には軽い援助で座ることができるようになり、簡単なものの操作ができました。年度末には自分なりに座位を保持しようとする力が入れられ、持続的に対象物を目で追ったり、正確に手を伸ばしてつかんだりすることができるようになってきました。

（3）学校生活全般におけるAさんの変容

　身体の学習の後は腹臥位や車いすなどの姿勢も安定しやすく、次の学習への構えができやすくなりました[*4]。事物操作による認知学習でも目と手の協応性が向上し、スイッチ教材などによる因果関係の学習も理解が深まってきました。生活全般を通して、周囲の状況に注意を向けたり、人とのやりとりも広がりが見られたりするようになってきました。自己刺激的行動はまだ見られるものの、注意の切り替えがしやすくなりました[*5]。

*4　自己の身体への気づきや動きの学習の評価を次の学習活動（認知課題）とも関連させて評価していく視点も重要です。

*5　時間の指導の評価は、関連する学習動作、環境の把握、コミュニケーションなどでも総括的に評価することで、子供の指導の方向性の見直しと授業改善につながります。

4．事例を振り返って

　Aさんにとって身体の動きや姿勢の安定は、学習・生活動作にとどまらず、認知発達を支える学習として大きな要素であったと思います。さらにコミュニケーション面への影響からも、姿勢の安定は重度重複障害児にとって重要な意義があると考えます。

【引用・参考文献】
飯野順子・授業づくり研究会 I & M 編著（2005）障害の重い子どもの授業づくり Part2．ジアース教育新社．
宇佐川浩（2007）障害児の発達臨床 I　感覚の高次化からみた子ども理解．学苑社．
川間健之介（2002）肢体不自由児の姿勢─認知発達との関連を中心に─．特殊教育学研究，39巻4号，81-89．
全国特別支援学校肢体不自由教育校長会編著（2011）障害の重い子供の指導Q＆A．ジアース教育新社．

事例 9 子供の気になる日常生活動作や姿勢の分析と指導への展開

こんな悩みのある方に・・・

悩み 10 子供の困難の背景にある要因を、どのように見極めたらよいのでしょうか。

悩み 20 日常生活動作の獲得に向けて、自立活動の指導と日常生活場面を、どのように関連付けて指導すればよいのでしょうか。

悩み 21 子供が指導に対して消極的・拒否的で、なかなか主体的な取組へと発展しません。

悩み 25 子供の願いや得意な面を生かした指導は、どのように考えればよいのでしょうか。

この事例から学んでほしいこと

　子供の気になる姿勢や日常生活動作を取り出して、反復練習だけで姿勢や動作の改善・向上につながるでしょうか。一般的な身動の動かし方と子供の動かし方を比較しながら課題となる姿勢や日常生活動作を分析して、「どこの身体部位」が「どのように動くようになればよいか」が分かると、指導の方向性が見えてきます。また肢体不自由のある子供だけでなく、多様な障害種の子供の運動・動作の改善を図る学習も同じです。

対象の子供の実態

　脳性まひのA君は、特別支援学校（肢体不自由）小学部5年生です。学部の教師間で検討して抽出されているA君の自立活動で取り扱う課題として、「安定した立位・歩行動作の改善」が挙がっています。理学療法士（PT）からも日常生活の中で、PCウォーカーやクラッチを使って歩くよう言われています。PCウォーカーは、週2時間ある体育科の授業の中で、毎時間使用しています。しかし、クラッチ歩行の取組は消極的で、なかなか日常生活や学校生活の中で使用する場面が見られません。その一方で、A君や保護者には、「クラッチで上手に歩けるようになりたい」「学校生活でもクラッチ歩行で過ごす場面が増えてほしい」という思いがありました。

1．なぜクラッチ歩行が課題に？

　A君にとって主たる移動方法は車いすで、日常生活上それほど不自由さを感じていない部分もあります。また、短い距離であれば、独歩で移動することもでき、A君にとってクラッチで歩く意義[*1]がどこにあるのか分からず、保護者やPTから歩くように言われたから[*2]歩くといった消極的な様子が見受けられました。また、クラッチとPCウォーカーを比較すると、クラッチで歩くことは支持面が狭いため、不安定な姿勢になり、空間に自分の力で立つことがより求められます。A君のクラッチ歩行が消極的な背景には、クラッチで歩くことの必要性をあまり感じていないことや、不安定な姿勢への恐怖心もあると考えました。

　A君は数メートルの距離であれば独歩で移動できます。しかし、その姿勢を見てみると、両膝が曲がったままで、両かかとも浮き、つま先も引きずるようにして足を運んで歩きます。止まる時は何かにつかまらないと立ち止まれず、安定した姿勢・歩行とは言い難い状態でした。クラッチ歩行の姿勢を見てみると、両かかとが浮いて、上半身を前傾させながらクラッチをつき、かなり腕力を使って歩いていました。そこで、クラッチ歩行につながる、ベースとなる身体の動かし方を学習内容として取り上げて、指導を行うことにしました。

2．実態把握

　我々は無意識に立ったり、歩いたりしていて、自己の日常生活の中で身体をどのように動かしているか、分析的に見る経験はあまりありません。そこで動作法[*3]の理論を参考にしながら、A君の運動・動作を分析的に見てみました。

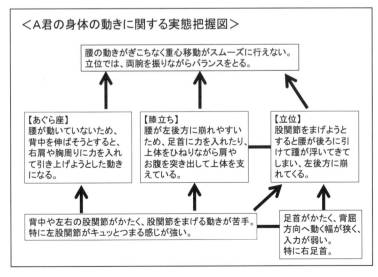

クラッチ

PCウォーカー

＊1　クラッチで歩くことが消極的なのは、本人の気持ちだけの問題でなく、身体の使い方など多角的に分析することが重要です。

＊2　PTから言われたからでは、指導の根拠としては適切とはいえません。教育という視点からクラッチで歩くことをどのように意味付けるかが重要です。

＊3　動作法は、成瀬悟策氏、大野清志氏らが、脳性まひ児・者の動作改善のために開発した理論・技法です。

　人の随意的な動きは生理学的な活動だけでなく、身体の動きを操作する心理的な活動も伴うと捉え、動作の基本的な仕組みを「動作」＝「意図」→「努力」→「身体運動」と理論化しました。脳性まひ児の動作不自由は、自分の身体運動を操作する、主体的な自己の活動が不十分なために、発達の過程で身体の動かし方を誤学習したためと考え、あぐら座や膝立ち、立位等の姿勢の中で、身体の自己コントロールを高める取組を行います。

A君のあぐら座や膝立ち姿勢をとる場面をビデオカメラで撮影して、一般的な身体の動きや姿勢と比較して気になる事項や身体に触れて指導者が感じた事柄を付箋紙に書き出しました。その後、ＫＪ法を参考にしたカード整理法[*4]を用いて、情報を整理して、A君の運動・動作の課題と自立活動の指導目標と指導内容を検討しました。

　実態把握図から見えてきたことは、足首や股関節がかたいため、膝立ちや立位姿勢を保持しようとすると腰が引け、上体を保持しようとした時に肩等に力を入れてくる点が課題として見えてきました[*5]。そこで、次のような指導目標と指導内容を設定して授業を行うことにしました。

3．指導の実際

【指導目標】
・膝立ち・立位の姿勢を保つ時に、腰を後方に引かないで上体を支える。
・自己の身体の動かし方や姿勢に気づく。

（1）自立活動の1時間の指導内容

　筆者は、動作法の理論をベースに指導方法と指導内容[*6]を考え、身体の動きの学習を考えました。単に身体のかたい部分をゆるめたり、課題となる動きを繰り返し動かすだけでは、自立活動の学習としては適切とはいえません。子供が学びの主体者であり、

[*4] カードに書かれた身体に関する情報を整理する際、一般的な身体の動かし方と照らし合わせながら整理するとよいです。身体の部位は複数部位が連動しています。例えば、物をつかむ動作を考えてみてください。手首を反らして指先で物をつかもうとした時、物をスムーズにつかめるでしょうか。

[*5] 映像だけでは、緊張の感じや身体のかたさの程度は分かりません。実際に子供の身体に触れて確認した情報も重要です。

[*6] 「動作法＝自立活動」ではないことに留意する必要があります。自立活動の指導は、障害による学習上又は生活上に生じる困難の改善・克服です。動作法の型をつかった動きで何を指導するか、指導者がしっかり理解していることが重要です。

		指導内容
導　入		挨拶・健康チェック・立位チェック
展開①		【体幹のひねり】側臥位になり、腰をひねりながら上半身をゆるめる。
		【股関節のゆるめ】仰臥位になって股関節を曲げ伸ばす。
		【足首のゆるめと動かす練習】足首の底屈、背屈、内側、外側に動かしてゆるめる。
		【あぐら座での前屈】股関節と背中をゆるめる。
展開③		【膝立ちでの腰の前後の動き】 ①上体に無理な力が入らないところで腰を動かし股の前面を伸ばす。
		【膝立ちでの左右の重心移動】 ①真中から腰だけ左右に動かして後方に引かないように真中に戻る。 ②真中から腰と上体を一緒に左右に動かす。
展開④		【箱いす（背もたれのないいす）からの立ち上がりと立位】 ①立ち上がり時は重心を移動させて斜め前方に飛び出すイメージで立たせる。 ②立位保持の時は、股前面を伸ばすようにして立つようにする。
まとめ		最後に立った時の感じをチェックする。

主体的に自己の身体に働き掛けて学んでいくことが大切であるため、動作法の理論や方法を参考に、指導方法と指導内容を考えていきました。

（2）箱いすからの立ち上がり動作の向上とクラッチ歩行

立位姿勢をとった時に、足裏で踏みしめて自己の身体を支え、自分でバランスを保つようになってきた時期に、クラッチ歩行を取り入れることにしました[*7]。また、普段車いすで通行できなくて不便に感じた場面の有無を確認しながら、クラッチ歩行の必要性も考えました。すると、小さな商店に買い物に行った時に通路が狭く不便だった出来事をA君は思い出しました。さらに将来、就職や遊びに出掛けた時を想定して、段差や階段があった時、介助を依頼することの大切さもおさえつつ、自力で立って姿勢を保持する力や可能な範囲で移動できる力を身に付けておくことの大切さについてもA君の理解を促していきました。

（3）A君の変容

ゆるめた身体部位をあぐら座位や膝立ち姿勢で動かしていきながら、腰の位置を自分で調整していく学習を繰り返しました。箱いすから立ち上がる学習では、前傾姿勢になった状態から足裏で踏みしめて「斜め前方にロケットのように飛び出す」というイメージをつかませながら繰り返し学習を行っていきました[*8]。立位姿勢をとると足裏をつけた状態でA君が自分で身体の位置を調整して立位姿勢を保持することが上手になり、数秒ではありますが、教師の支えがなくても保持することができるようになりました。

クラッチ歩行では、かかとが浮いてしまう状態ではありますが、前傾姿勢が少しずつ改善され上半身も起きた姿勢で歩くようになってきました。下校時に玄関までクラッチ歩行で歩く場面も設定し、6年生の3月には、通路が狭く車いすでの入店が難しい学校近くにある商店に行き、クラッチで店内を歩いて買い物をする経験もし、本人の自信の高まりにもつながっていきました。

4．指導を振り返って

一つ一つの動作を繰り返し学習していくことは大切ですが、単に繰り返すだけでは、A君の集中も途切れやすかったです。子供の動きを感じ取りながら、各身体部位をどのように動かせばよいか、A君の身体に手を添えながらピンポイントに伝えることで、本人の「立とう」という思いを高めることができたと思います。

【引用・参考文献】
大野清志（2001）動作法ハンドブック．慶應義塾大学出版，22-23．
星野公夫（2002）動作訓練入門．日本肢体不自由児協会，2-6．

[*7] ここは、動作法の理論ではありません。しかし、身体の動きの学習で、身体のどの部位をどのように動かせるようになるとよいかを指導者が明確にもつことで、いろいろな方法や内容の工夫ができてきます。

[*8] 人間が動作を遂行する時、イメージが必要です。子供の発達段階に応じてどのようにイメージをもたせることができるかもポイントになります。本事例では、ロケットの例えが対象の子供にマッチしました。

事例 10 ICTを活用し、各教科等の指導につなげる

こんな悩みのある方に・・・

悩み 13 自立活動の指導と各教科等の指導等を、どのように関連付ければよいのでしょうか。

悩み 19 ICT機器や教材・教具を工夫する上で、自立活動の指導の視点からおさえるべきポイントが分かりません。

悩み 27 教科学習における困難さに対して、どのような手立て・配慮を考えればよいのでしょうか。

この事例から学んでほしいこと

　　障害のある子供のICT活用は、学習上又は生活上の困難を改善・克服していく上で、幅広い選択肢をもたらし、また日々技術も進化していくことから、将来的に自分に必要な環境を自分で整えられるような力を育てていく必要があります。そのため、自立活動の指導においては、機器の活用方法だけでなく、セッティングや姿勢などの調整の仕方も含めて指導する必要があります。その際、個別の指導計画に基づき、教科等の学習における段階的な活用と併せて、子供自身が生活の広がりを実感しながら使い方を工夫したり、必要なものを自分で考えたりできるように指導していくことが大切です。

対象の子供の実態

　A君は特別支援学校（肢体不自由）小学部3年生で、準ずる教育課程で学んでいます。先天性多発性関節拘縮症で上肢の自発的運動はなく、本を読む・図鑑で調べるなどの学習動作をスムーズに行うことが難しい状態です。調べ学習の時は本のページをめくりながら調べる動作に負荷がかかり、調べたい時に調べられず、あきらめてしまうことも多くありました。また、筆記具を口にくわえて字を書くことができますが、長時間は疲れやすく、長期的に考えても上体を反らす力が強くなっていくことが予想されました。

1. なぜICTの活用なのか

A君は、小学部1年生から学校でICT機器に触れる経験をしてきていて興味もありました。しかし、機器の準備や入力スピードの面などの問題で、なかなか学習や生活で実用的に使えるものは見つけられていませんでした。

2. 実態把握

学習活動では、スムーズに本を開いたり、調べたものをまとめたりすることに困難があり、筆記具を口にくわえての学習にも疲れが出やすい状況でした。また、校内でのケース会[*1]を通して、こうした学習や生活動作のしにくさが一つの要因となって、他の場面でも見られていた自己肯定感のもちにくさや興味・関心の広がりにくさにもつながっているのではないかと考えられました。

そこで、個別の指導計画で学習・生活動作の改善としてのICT機器の活用を自己肯定感の高まりやコミュニケーションの広がりとも関連付けて、自立活動の時間における指導に取り組むことにしました（図1）[*2]。

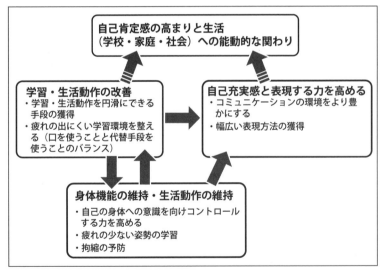

図1　A君の実態把握図

*1　ケース会など複数の教師の目で子供を捉える機会を設けることで、子供の将来像をイメージしたり、具体的な指導目標を設定したりしやすくなります。また、ケース会は教師同士の学び合いを促す研修機能も備えています。

*2　A君の困っていることに対し、単純にICTを導入するのではなく、子供の全体像から必要性をおさえておくことで、「何をどの場面でどこまで」活用するのかをイメージしやすくなります。

3. 自立活動の時間における指導の実際

3年生時、A君の利用の目的と実用性からタブレット端末の使用を提案し、その基本的な使用方法と活動姿勢を含む環境設定の仕方、情報に関するルールを学習の柱とし、時間における指導で取り組んだことを教科等の学習・生活場面と行き来させながら指導を進めました。週2時間の自立活動の指導のうち、1時間をICT機器の活用に向けた学習として設定しました。

ここではA君の3年生から6年生までの指導内容と主な経過、学習場面での活用についてまとめました。

学年	主な指導内容	指導の経過	学習場面での活用
3年	・タブレット端末の基本操作と音声認識による情報収集手段の獲得 ・操作しやすい姿勢について考える ・情報モラル	・「起動－インターネット－終了」ができるようになった。 ・「～について調べたい」という発言・言動が増えた。 ・活動時のクッションの場所や画面の角度などについて試しながら、自分なりの使いやすい設定を考えることができた。	・タブレット端末で調べ学習の一部（理科）で活用した。
4年	・自分に合った方法で必要な情報を調べること ・自分で活動環境を整える ・情報モラル	・検索ソフトを使って様々なものを調べられるようになってきた。 ・検索ソフトで調べたことをまとめるために、記録用紙を用意することができ、活動に合わせて必要な準備を意識するようになった。	・総合的な学習の時間や教科学習の一部（調べ学習）で活用。 ・朝の時間にタブレット端末で本を読んだり、自分の住む地域に興味をもつようになってきた。
5年	・メール、書類作成、表計算、発表などのアプリの活用 ・自分で活用場面を考える ・情報モラル	・タブレット端末のソフトを利用し、画像処理やメールの使い方、アンケート結果の作成などができるようになった。 ・自ら生活場面のどこで使えそうか考えるようになってきた。	・総合的な学習の時間の発表場面での活用 ・休み時間の読書 ・音楽の合奏での活用 ・委員会活動でアンケート結果を自分でグラフにまとめた。
6年	・多様なアプリの活用とアクセシビリティーの設定 ・場面に応じて活用方法や活動環境を整えたりすること ・情報モラル	・学習や趣味で活用できそうなアプリを自分で探し、試すようになる。 ・自分から「こうしたらできるのではないか」という発言が目立つようになる。 ・タブレット端末を使うかどうか、場面ごとに判断できるようになる。	・自分専用のタブレット端末を購入し、電子辞書（国語の意味調べ）、調べ学習、読書や趣味などでの活用

4．A君の4年間の経過

　3年生時はタブレット端末の基本的な使い方や、音声認識を活用してインターネットを利用する方法について慣れ親しみながら学び、自分がどのような姿勢やセッティングになると操作しやすいか、疲れにくいかなどを自分なりに考えることができました。使用するスタイラス[*4]も樹脂で形を作り、口にくわえやすいように一緒に考えました。

　4年生時は自分で決めたテーマについてICT機器を使って調べ、ノートに書いてまとめるなど、機器の活用と自分ができる学習動作を組み合わせて使い、具体的な生活を想定した活用方法を

＊4　熱で加工できる自由樹脂をペンホルダーに取り付けます。スタイラスだけでなく、筆記具などにも利用できます。

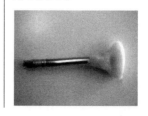

学習しました。

　5年生、6年生時は、A君自身が学習・生活場面での活用方法を具体的に考えられるようになり、授業と時間の指導を行き来させながら、自立活動で取り組む学習内容を一緒に作っていきました。委員会活動や総合学習ではタブレット端末でグラフやプレゼンテーションにまとめたりして発表できるようになり、音楽の合奏でもピアノアプリを使用し参加することができました。6年生時には自分専用の端末を購入し[*5]、さらに積極的に「試す－評価する－改善する」のサイクルができやすくなりました。また、自助具を使って書く場面とICT機器を活用する場面の使い分けも自分で考えられるようになってきました。

5．事例を振り返って

　本事例は、ICT機器を活用し、学習・生活動作を改善させるだけでなく、自己肯定感や人との関わりの広がりまでを個別の指導計画の目標としておさえ、時間の指導と学級での指導を関連付けて指導を進めました。

　A君は、調べたり、まとめたり、発表したりすることについて以前に比べ容易になり、友達との関わりや委員会活動などの学習に積極的に取り組む様子が見られるようになりました。個別の指導計画で目標のつながりをおさえて自立活動の指導を行うことで、ICT機器の活用に関する指導を学習・生活動作の改善だけでなく、自己充実感やコミュニケーションの広がりまで見据えて展開できると思います。

　ICT機器のフィッティング[*6]については、指導開始当初は自分に合ったものは見つからず、自立活動の時間における指導で試行錯誤を繰り返す中で使用目的や場面と機器の機能がすり合わされていった経過があります。特に貸し出しによる機器の場合、利用場面の制限の問題や身体状況、生活環境の変化、また機器の技術的進歩により常に同じものを同じ状態で使えるとは限りません。絶えず変化していくものとして子供と一緒に評価・修正していくことで、子供自身がその場や状況に合わせて自分に必要な解決手段や環境を考える力が身に付いていくと考えます。

[*5] 個人でのICT機器の導入に当たっては、家庭の経済的負担にも留意し、目的や方法を十分吟味した上で、本人・保護者と合意形成を図りながら進めましょう。

[*6] 肢体不自由児のICT機器のフィッティングについては、使用する姿勢や時間などの運動特性だけでなく、情報量やコントラストなど見えやすさなどの認知特性も合わせて考えましょう。

【引用・参考文献】
文部科学省（2010）教育の情報化に関する手引き．
文部科学省（2011）教育の情報化ビジョン．
筑波大学附属桐が丘特別支援学校（2013）個別の指導計画に基づくICTの活用．筑波大学附属桐が丘特別支援学校研究紀要第49巻．

事例 11 自傷や他害の背景を読み解き、行動の安定を目指す

こんな悩みのある方に・・・

悩み 10 子供の困難の背景にある要因を、どのように見極めたらよいのでしょうか。

悩み 17 あらかじめ決められた指導内容や指導方法がありますが、子供の主体的な学びが実現できているのか不安です。

悩み 18 重度重複障害の子供の実態把握を行う際に、何を手掛かりに行えばよいのでしょうか。

悩み 22 心身の状態が不安定な子供の自立活動の指導は、どのように行えばよいのでしょうか。

この事例から学んでほしいこと

　自傷や他害には、「落ち着かせるために一度教室の外に出る」や「カームダウンスペースを設定する」といった事後的な対応がとられがちです。たしかに、その場に合わせた臨機応変の関わりや環境調整は大切です。しかし、自傷や他害には、①要求（物や活動を求める）、②注目（他者の注目を求める）、③逃避（課題や場面を回避する）、④感覚（感覚の自己刺激を求める）などの理由があるとされています。その理由を読み解きながら、行動の激しさの漸減を目指していく前向きな指導が必要です。

対象の子供の実態

　A君は、特別支援学校（知的障害）小学部2年生の男子です。重度の知的障害を伴う自閉スペクトラム症（ASD）があります。発語は遅延性エコラリア（オウム返し）が中心で、主によく見るテレビ番組のタイトルやセリフの一部を繰り返します。「自分の意に沿わないことをさせられる」と感じる場面ではとたんに抵抗感や警戒心が強まり、座り込みや自傷（こめかみをたたく、おでこを床に打ち付ける）・他害（噛みつく、つねる）が激しく長く続きます。教材を自分ルールにこだわって使うなどの固執的な一面もあります。

1．対象児の詳細―自傷・他害などの背景要因を整理する

　自傷や他害などの行動上の問題がある子供への指導を考える場合、とかく「どのようにすれば自傷や他害を消去・減少できるか」という方法論が話題になりがちです。しかし、本当の解決のためには「なぜ、自傷や他害にいたらざるを得なかったのか」という理由の分析が欠かせません。

　A君は、前年度（小学部1年）にかなり威圧的・高圧的な指導を受けていました。A君には難しいことも「ダメなものはダメ」「大人の指示を早くから聞かせる」という方針のもとで、強い促しによる指導が繰り返されていました。自分を守るために拒否・逃避を続けた結果、自傷・他害という手段しかなかったのかもしれません。2年生に進級した段階では、「座る」「食べる」など、他者がその言葉を発した瞬間に自傷・他害のスイッチが入るNGワードが10以上もありました。このようなフラッシュバックのきっかけを作ってしまったのは「教師の無理解」です。実態にそぐわない指導は、対象児の「誤学習[*1]」を誘発します。

　応用行動分析[*2]の考え方では、自傷や他害には4つの理由[*3]があり、それらを果たすために繰り返すとされています。A君の場合は「①要求、③逃避、④感覚」が該当することが分かりました。特に「何かをさせられる」と感じた時に、瞬時に緊張感が強まり、拒否や抵抗を身体で示す（座り込み、床におでこを打つ）ため、「③逃避」が最も激しく出ていました。

2．実態把握から指導計画の立案まで

　実態把握は、現在起きていることを整理するだけでなく、時間軸・空間軸・人間関係軸の3つの軸[*4]で検証する必要があります。これは、自傷などの目立つ行動がない場合も同様です。

　先に述べたように、A君には、最も身近な大人に行動の理由が理解されなかったという過去があります。したがって、まずは「この大人は、自分にとって嫌悪感をもたらす人ではない」という信頼関係づくりと、「この教室は安全・安心な居場所である」という情緒面の安定の土台を築く期間が必要です。

　また、内面的な気持ち（要求や逃避）を表出する手段について誤学習を繰り返してきました。正しい意思表出の仕方（＝適切なふるまいの獲得）を新たに学習する必要もあります。

　そして、状況に応じて折り合いをつける力も必要です。提示された教材を自分ルールで使いたがったり（並べ方、こだわりの色だけ集めるなど日によって変化する）、要求が通らないと自傷や

---

*1　「騒ぐと注目を集められる」「逃げれば追いかけてもらえる」など、好ましくないふるまいや思考を学んでしまうことを「誤学習」といいます。誤学習は学び直しが必要となります。

*2　ABA（Applied Behavior Analysis）ともいいます。人間の行動を個人と環境の相互作用の枠組みの中で分析し、行動上の問題の解決に応用していく理論と実践のことです。

*3　自傷や他害などを含む行動問題が果たす4つの機能
①要求（物や活動を求める機能＝「ちょうだい」「やって」）
②注目（他者の注目を求める＝「こっち見て」「もっとかまって」）
③逃避（課題や場面を回避する＝「それ嫌だ」「やりたくない」）
④感覚（感覚の自己刺激を求める＝「こうしていると気持ちいい」「こうすることで落ち着く」）

*4　時間軸・空間軸・人間関係軸での実態把握
【時間軸】過去～現在のどの時点で問題が頻出したのか、一日の中でターゲットの行動が頻出しやすいのはいつか　など。
【空間軸】どこでその問題が起きやすいのか　など。
【人間関係軸】誰と一緒にいる時に問題が起きやすいのか、集団の人数や特定の相手の存在などが影響するか　など。

表1 A君の自立活動の指導計画

【長期目標（1年）】 ●安定した気持ちで日々の学校生活を送る。 ●教師の意図に合わせて、自己の行動を調整する。 ●抵抗感や警戒心が高まる場面で、自傷・他害ではなく適切な言語を表出する。		
短期目標と自立活動の内容	手立て	指導の場
①好きな活動を通して、安定した気持ちでいられる場面を続け、活動の途中で教師が介入する場面を受け入れるようになる。 【2(1)情緒の安定】	NGワードは避ける。ストレスフリーな状況から少しずつ揺さぶりをかけた関わり（交代や切り上げを求めるなど）を行う。少しでも警戒心が高まるのを感じたら、無理強いしない。まずは徹底的に信頼関係をつくり、「No自傷・他害デイ」を目指す。	・学校の教育活動全般
②受け入れがたいことについて「ダイジョウブ（No, thank you）」、やらねばならないけれどもできないことについて「ゴメンナサイ」、要求を伝える時に「オネガイシマス」などと伝えられるようになる。 【6(1)コミュニケーションの基礎的能力】	自傷・他害のスイッチが入りそうな瞬間に、適切な言語表現のモデルを示す。真似できたらすぐに提示した活動や課題を引き下げたり、要求に応じたりする。要求した活動や教材の使用の切り上げを支援するため、タイマーを使用して見通しをもたせる。	・学校の教育活動全般 ・日常生活の指導 ・「時間」の指導
③教材を通して、教師の意図に合わせて自己の行動をコントロールし、折り合いをつけられるようになる。 【3(2)他者の意図の理解、3(3)自己の行動の調整】	自分ルールに固執しないでいられるような教材を選ぶ。また、A君は、その日によってこだわりを変えるため、常に様子を見ながらこだわりの薄い教材を提示する。	・「時間」の指導
④クレーン行動の場面で、教師からの身体ガイドを部分的に受け入れられるようになる。 【4(1)保有する感覚の活用】	信頼関係が強くなるとクレーン行動が出やすくなるため、関わりを待つ。警戒心がゆるんだことを確認して、教師が手を添える。	・学校の教育活動全般 ・「時間」の指導

他害で通そうとしたり（今ここで○○がほしい、など「あとでね」が通じない）という場面が一日に何度も頻出していたからです。

これらの課題について優先順位を考えながら、自立活動の指導の場[*5]と内容の計画を表1のように設定しました。

3．指導の実際と経過
【短期目標①】

4月はじめは、前年度の行動を引きずっており、少しでも意に沿わないことを求められるとすぐに床に頭を打ちつけたり、こめかみをたたいたり、教師の腕や肩を噛んだりしました。そこで、ほとんどの活動について「強要はしないけれども少しだけ"揺さぶり"[*6]をかける、そこで警戒心が少しでも見られたらすぐに引き下げる」という関わりを続けました。すると教師の関わりを受け入れる範囲が少しずつ広がり、5月上旬までに「No自傷・他害デー」を続けられるようになりました。この段階では、関わりに指導の意図を感じさせないように配慮しました。

【短期目標②】

短期目標①が確実になってきたのを確認して、5月上旬より"揺

*5 自立活動の3つの指導の場
(1) 自立活動の「時間」：子供の障害の状態に応じて、必要であればその「時間」を確保できる。
(2) 各教科等との関連を図って行う指導：国語や算数などの各教科等で自立活動の指導内容を合わせて取り扱う。
(3) 学校の教育活動全体を指導の場とする：休み時間や給食なども指導の場となりうる。

*6 対象児の発達段階や情緒の安定性などを踏まえて、ほんの少しだけ、本人がその時できることより上のレベルの課題を投げ掛けてみること。発達についての知識と教材の系統性の理解が必要とされる。"揺らし"ともいいます。

さぶり"をかけるようにしました。具体的には、いすに座らせる、教師が指示したものを持たせるなどです。再び自傷・他害のスイッチが入りそうになりましたが、その瞬間に「ダイジョウブ（No, thank youの意）」と伝え、同時に誘導しようとした手を離すことを繰り返し示しました。A君は、「ダイジョウブ」と言えば自傷や他害で乗り切ろうとしなくてもよいということをすぐに理解し、その日のうちに使えるようになりました。その一方で、あらゆることに「ダイジョウブ」と伝えてくるかもしれないという懸念もあったため、短期目標①の関わりは続け、「この程度ならできそうだ」と感じてもらう場面を増やしました。その後、上履き・靴下を履けない時などに「ゴメンナサイ」、バランスボールなどの感覚刺激遊びを要求する時には「オネガイシマス」などをすぐに覚え、翌日以降も使えるようになりました。5月下旬から【絵カードを使用した代替コミュニケーションシステム】を教室に常備し、前述の3つの言葉カードを貼り付けて教師に渡す行動も定着しました。

【短期目標③】
　「時間」の指導では、1対1の指導体制で教材を通したやりとりを繰り返しました。「型はめ」「キューブさし」など、課題の"終点"や"達成"が明確な教材を用い、指示された場所、指示された順番に物を操作することで、教師の意図に合わせたり、折り合いをつけたりできることを学ばせました。「キューブさし課題（4色・4形）」の取組は、5月には自分の思い通りでないと全て教材を投げてしまっていましたが、7月には、一度自分のパターンでやりきってから教師の示したモデル通りにキューブを差し込みました。

【短期目標④】
　10月からクレーン行動[7]が増えました。やりたいという意欲はあっても、警戒心や防衛反応があって自発的な行動を出しにくいようでした。クレーン行動の場面を利用して、少しずつ教師側からの身体ガイドを受け入れてもらうようにしました。手つなぎ・手洗いなどの行動への拒否感が全くなくなり、1年が経過しました。年度末の3月、警戒心はまだ残るものの、学年集団や学部集会のような大集団での活動にも落ち着いて参加できるようになりました。

4．指導を振り返って
　1年間の指導で、固執的な側面が和らぎできました。焦らず、じっくりと関わり続けたからこその変化だと思います。

[7] クレーン行動はクレーン現象ともいいます。他者（主に大人）の手を使って、自分がしたいことを代わりにしてもらおうとする行動のことです。

事例12 「線の指導」による排泄の行動形成を目指す

こんな悩みのある方に・・・

悩み17 あらかじめ決められた指導内容や指導方法がありますが、子供の主体的な学びが実現できているのか不安です。

悩み18 重度重複障害の子供の実態把握を行う際に、何を手掛かりに行えばよいのでしょうか。

悩み20 日常生活動作の獲得に向けて、自立活動の指導と日常生活場面を、どのように関連付けて指導すればよいのでしょうか。

この事例から学んでほしいこと

特別支援学校で学ぶ重複障害の子供のうち、排泄が自立していない割合は高いです。授業中におもらしすることも多く、そのたびに着替えをしなければなりません。しばしば学習の中断を招くことになります。何とか排泄の自立につなげるための指導を行うものの、定着しないという声をよく聞きます。ここでは排泄のうち排尿に着目し、事例を通して排尿のメカニズムなどを踏まえた自立活動の指導のあり方を探ります。

対象の子供の実態

Aさんは、特別支援学校（肢体不自由）小学部2年生の女児です。痙直型の脳性まひで、重度の知的障害を併せ有します。円背で、あごを出す状態であぐら座位の姿勢を保持します。手を添えれば、何とか尖足（せんそく）で数メートル移動ができます。家庭の事情から施設に入所し、隣接する特別支援学校に通学しています。頻繁におもらしをすることから、施設ではおむつをつけています。学校ではおむつを外していたため、おもらしのたびに学習が中断されていました。

1．事例の詳細

　Aさんは、自力での移動が困難であるため、車いすを介助されての移動を行っています。発語はなく、意思の交換は発声により行い、簡単な言語指示は理解できます。あごを突き出して座位姿勢をとり、口唇が閉じられないため常に涎が出ています。過敏があり、突然の身体の接触に対して、反り返るような反応が出やすいです。重度重複障害の子供であり、自立活動を主とした教育課程の下で、学習を行っています。

【日常生活動作（ADL）】[*1]

　食事は、普通食を摂ることはできますが、座位で下顎が引かれるために口唇が閉じられず、効率よく摂取することができません。水分も十分に摂ることができません。衣服の着脱、排泄、移動も全介助です。

【家庭の状況】

　家庭での養育に欠けるために、要保護との判断から幼児期から肢体不自由児施設に入所しています。週末の保護者の面会もほとんどありません。

2．実態把握

　Aさんの排尿と関連の実態については、次の通りです。

【排尿に関わる実態】

(1) 気温等の外的条件により排尿の回数が若干異なります。多い時は、1単位の授業時間45分に数回のおもらしがあります。
(2) 1回当たりの尿の量はきわめて少ないです。
(3) 排尿指導としては、これまで登校時、休み時間などの定時排泄指導[*2]を実施していましたが、便座に座っての排尿はほとんど成功することがありませんでした。学校ではおむつを外していたため、おもらしのたびに着替えなどを行わなければならず、学習の中断が日常的となっていました。

【身体の動き】

(1) 全身的に屈曲優位の緊張があります。
(2) 移動は車いすで全介助です。
(3) 身体を触れられると全身の反り返りが見られます。

【言語・対人的な関わり】

(1) 言語理解はあり、簡単な指示は理解しています。
(2) 発語はなく、慣れると発声によるやりとりができます。

[*1] 日常生活動作 ADL とは Activities of Daily Living の略です。日常生活を送るために必要最低限の動作で、食事、排泄、衣服の着脱、移動などの動作のことです。

[*2] 定時排泄指導とは、子供の排尿のリズムなどに合わせ、定期的にトイレに連れて行き、便座に座らせるものです。学校では一般的に休み時間を目安に定時排泄指導を行うことが多いです。登校後、昼食後、下校前など、日常のエピソードに合わせてトイレに連れて行く場合もこれに該当します。

3．指導の実際
【新たな排尿指導の考え方と手続きの導入】

　体調やその日の気温などの外的要因によって排尿のリズムは不安定となるため、排尿のタイミングを目安とする定時排泄指導は「点の指導」となりやすく、本事例にとっては十分な成果が期待できません。そこで、改めて排尿のメカニズムを理解するとともに、排尿の指導を「線」として取り上げることを前提とした手続きを導入しました。

（1）排尿のメカニズムの理解

　膀胱に一定の尿（150～200mmH$_2$O）が貯留されると膀胱内圧が高まり、尿意が知覚されます。「尿意の知覚」は、「抑制」を経て「排尿」に至ります。抑制による尿意の消失は、社会生活上、選択的で、柔軟な行動を可能としています。尿意の知覚、即排尿ではゆとりがないからです。この間、徐々に膀胱内圧は高まり、再度の尿意の知覚となり、いよいよ排尿になります。排尿は、膀胱外括約筋の緊張をゆるめることで尿を体外に排出するものです。ここで注目することは、「随意運動の協調」です。膀胱に貯留した尿は、膀胱外括約筋のゆるめで排出に至るわけですが、その際に腹部に圧をかけることが同時に行われます。尿の貯留で内圧が高まった膀胱に腹圧をかけることで、効果的に排尿を行うためです。

（2）排尿に関する「点の指導」から「線の指導」へ転換

　排尿を指導の対象とすることは、子供の立場に立てば、排尿行動を形成する学習であるといえます。重度の知的障害者を対象としたFoxx & Azrinのトイレット・トレーニング[*3]を参考としました。この方法は、おもらしをしていない時を重視するなど、排泄指導を「線の指導」として捉えることによって、障害が重度な子供の自発的な排泄行動を形成することが期待できます。トイレット・トレーニングの前提条件から、基本的にはAさんへの適用は困難であると判断されます。しかし、一人で移動できなくても介助されてトイレまでの移動を意識することなどの工夫や、おもらしをしていない時を重視するなど、排尿の指導を「線の指導」として捉える考え方がAさんの自発的な排泄行動の形成に有効であろうと考えました。

（3）指導の手順

　上述の排尿のメカニズムの理解に立ち、トイレット・トレーニングの考え方を導入して、Aさんに対して次のような排尿の指導の手順を設定しました。

　Aさんが排尿の際に協調させる随意運動を意識するために、自

＊3　トイレット・トレーニングは、Foxx & Azrinによって提案されました。重度知的障害者を対象として開発されたプログラムであり、理論的には行動分析学に依拠します。指導の前提条件として、①トイレまで一人で歩行移動ができること、②下着の上げ下げが可能な手の運動機能があること、③トイレを探し出せる視力があること、④最小限の言語理解を有することが挙げられています。我が国では1970年代後半から1980年代前半にかけて、大友昇らによって障害が重度な子供にも有効であることが日本特殊教育学会において発表されました。

立活動の時間における指導において、まず過敏に対応した上で、動作法による体幹のリラクゼーションを実施します。ここで体幹のリラクゼーションと腹部への入力をしっかりと学習します。この学習を基盤に次の排尿の指導の手順に入ります。

① サインの確立とトイレ方向の指さし
② パンツの乾きの確認と社会的な強化（言語による称賛）
③ 介助されてのトイレへの歩行移動
④ 腹部へのいきみの学習として腹部弛緩と入力、いきみへの社会的強化
⑤ 排尿に対しての社会的強化（言語など）

失禁に対しては、濡れたパンツに触れさせ、乾いた状態との違いを理解させる。トイレでの排泄に対しては言語により称賛する。

（4）指導の経過と結果

体幹のリラクゼーションと腹部への入力は、毎日30分程度時間をかけました。その結果、あぐら座位で下腹部を意識した入力ができるようになりました。授業の1単位時間の残りを、①から③の手続きによる指導に充てました。①では下腹部を手で軽くたたくこと、そしてトイレ方向を指さすことが数時の指導で定着しました。引き続き②、③についても数時の指導で学習し、教師の顔を見て、下腹部に手を当て濡れていないことを知らせ、頭をなでることを要求するようになりました。この頃から急激におもらしがなくなり、④、⑤のトイレに移動して便座[*4]での下腹部への入力（いきみ）と排尿が観察されるようになりました。それ以降、教室でのおもらしは一切なくなりました。この間の指導は、3カ月程度でした。

4．事例を振り返って

定時排泄指導は、教師間で情報の共有が容易で引き継ぎやすいために、多くの学校で導入されています。しかし、子供の内的状態や季節などの外的要因によって排泄のリズムは崩れやすいため、効果が期待できない場合もあります。排尿のメカニズムの理解に立ち、子供が主体的に学習するための指導の工夫が求められることになります。脳性まひであるAさんの身体の特性を踏まえ、トイレット・トレーニングの考え方を参考として、排尿の指導を行いました。比較的短時間で、頻回したおもらしがなくなり、学習の中断がなくなりました。その一方で、トイレでの排尿も徐々に減り、排尿そのものの回数が減るようになりました。このことをどう評価すべきかについては、対人的な関わりも含めて今後検討すべきこととされました。

*4 指導では、便座の工夫も行いました。キャンプなどで使用する簡易型の便座の使用です。排泄物を捨てることができるように排泄物をバケツで受けるものです。使用の理由は、排泄があった場合に対象者に見せることができることです。結果を可視化してフィードバックできることが期待できます。もう一つは、排泄中に音が出ることによる排尿の過程のフィードバックができることによります。通常の水洗トイレでは難しいです。

事例 13 身体を触れられることが苦手な子供にどう触れるか

こんな悩みのある方に・・・

悩み 16 学習指導要領に示された自立活動の区分や内容を、どのように関連付ければよいのでしょうか。

悩み 21 子供が指導に対して消極的・拒否的で、なかなか主体的な取組へと発展しません。

悩み 22 心身の状態が不安定な子供の自立活動の指導は、どのように行えばよいのでしょうか。

悩み 28 授業に関わる教師間で連携した自立活動の指導は、どのように行えばよいのでしょうか。

この事例から学んでほしいこと

　身体接触を拒否する子供の中には、教師の指導の意図が伝わらず、「先生が何をしてほしいのか」「何が正解なのか」が分からないがゆえに、身体や運動の学習を拒んでいる子供がいるかもしれません。私たち教師が、身体の動きの学習を通して子供に「何を学んでほしいのか」、子供に分かるように伝えることが大切です。これは、身体の動きに関する指導だけではなく、各教科や日常生活における指導等、教育活動全般においても共通して大事にしていかなくてはならないことです。

対象の子供の実態

　Aさんは、運動障害及び知的障害を併せ有する、特別支援学校(肢体不自由)小学部6年生です。短い距離であれば歩行が可能ですが、足首や股関節等がかたく、安定しませんでした。また、物を操作する際に必要以上に力を入れてしまうなど、身体の使い方に不器用さを感じる場面が多くありました。自立活動で取り扱う課題として、「人や物に合わせた適切な動作の習得」が挙がっていましたが、触覚等の過敏性はないものの、人に身体を触れられることや人に合わせて身体を動かすことが苦手で、活動の最中に笑い出したり、逃げたりする様子が見られていました。

1．事例の詳細

　Aさんは、短い距離であれば独歩は可能ですが、左右差のある尖足（せんそく）のため、歩行は不安定でした。歩行や四つ這い、膝立ち移動等、多様な動きがあるAさんでしたが、足首や膝、股関節等の可動域が狭く、身体全体の動きがかたい印象を受けました。また、楽器をたたく時に必要以上に力が入って壊してしまったり、友達と握手をする時に力強く握ってしまったりするなど、身体の動かし方に不器用さを感じる場面が多くありました。その場に適した身体の動かし方を身に付ける必要があると考えました。

　一方で、身体接触を拒むような行動をする一面もありました。特に背中や足は触れられることを嫌がり、床に仰向けになると首をあげ、すぐにでも逃げ出せるように警戒している様子が見られました。また、うつ伏せに寝ることはできず、教師が寝かせようとしてもすぐに起き上がり、別の場所に逃げていました。人に合わせて身体を動かすことも苦手で、教師と手を合わせながら同じ方向に動かす活動をすると突然笑い出したり、手を離して「あっち」と言って逃げたりする様子がありました。

2．実態把握

　Aさんの身体の動かし方や身体接触に対する反応に関して分析的に検討するために、実態把握図を作成しました[*1]（図）。本事例においては、Aさんの運動・動作面に着目したため、動作法の理論を参考にしながら、座位や立位でのAさんの姿勢や動き、様子等を観察し、気になった事柄を付箋紙に書き出し、整理しました。付箋紙の整理に当たっては、長年動作法について研修、指導を積み重ねており、Aさんの指導にも関わったことがある先輩教師から助言を受けました。その後、自立活動の指導において、重点的に取り扱う指導目標や内容について検討しました。

[*1] 長田（2008）を参考にしました。この方法は、個人の全体像を視覚的に把握するための方法として有効と考えられています（長田, 2008）。本事例においては、Aさんの身体の使い方に焦点を当てて作成しました。

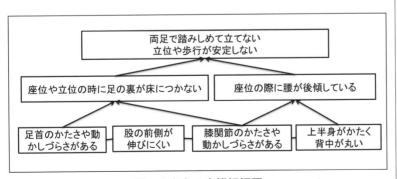

図　Aさんの実態把握図

実態把握図から、Ａさんの足首や股関節、上半身のかたさや動かしづらさによって、座位や立位では、腰が後傾したままで、十分に腰で上体を支えられず足裏での踏みしめも不十分なため、立位や歩行が安定しないという実態が見えてきました。また、指導当初、身体接触を拒むＡさんでしたが、触覚の過敏性等の問題はなく、こうした行動の背景には、発達の初期段階に形成される身体接触を通した人との信頼関係の構築が十分に育まれていないことや、Ａさん自身が自己の身体に注意を向けながら、教師の提示した動きに合わせて能動的に動かすといった、教師の意図や学習の意味をつかめていないことが関係していると考えました。Ａさんの歩行動作や力加減等の身体の動かし方の改善を目指した指導をしながらも、まずは、教師と一緒に身体を動かす中で信頼関係を築き、Ａさん自身が学習の意味を実感できるようになることを目指して、指導目標と指導内容を設定して授業を行いました。

3．指導の実際
【指導目標】
・自分の身体の動かし方を意識し、「できた」ことに自分で気づく。
・足裏全体に体重をかけ、立位や歩行を安定させる。

（１）自立活動の指導内容
　Ａさんの指導目標を踏まえ、次のような指導内容を設定しました。

指導内容	姿　勢
【各部位のゆるめ】 上半身、足首、股関節をゆるめる。	座位（箱いす）、仰臥位、側臥位
【腰を起こす】 腰を前後に動かし、起こした状態で座る。	座位（箱いす）
【左右への体重移動】 左右、真中に体重を移動させる。	座位（箱いす）
【足で踏みしめて立ち上がる】 ① 重心を前に移動させ、踏みしめながら立ち上がる。 ② 数秒間補助のない状態で立つ。	座位（箱いす）から立位
【歩行】 教室内を数歩自分で歩く。	立位、歩行

　Ａさんの身体のかたさや動かしづらさを改善するために、動作法の手法を参考にし、足首や股関節、上半身を中心に、各部位をゆるめる学習を行いました。姿勢としては、箱いすでの座位や仰臥位、側臥位等、Ａさん自身が各部位をゆるめた感覚に気づくことができるよう、Ａさんが受け入れやすい身体部位や姿勢を取り上げながら指導を行いました。各部位をゆるめた後に、箱いすに座って体重移動を行い、腰を少しずつ起こしながら足やお尻に体

重が乗っていることを感じる学習を行いました。最後に、足裏全体に体重をかけていることが意識できるようにしながら立位姿勢をとり、歩行につなげました。

　先に述べたように、Ａさんは当初、身体接触に抵抗感を抱く様子が見られていました。これは、身体を教師に委ねることへ不安感を抱いていることや、学習の意味をつかめていないことが関係していると考えました。そこで、身体を動かす学習の前に、箱いすに座りながら、背後にいる教師に身体を委ね、一緒にゆっくりと揺れを楽しむ時間を作ったり、Ａさんが活動の見通しをもてるように、活動の様子を写真カードとして提示し、ある程度授業の流れを一定にしたりしました。また、Ａさん自身が自分の身体の動きに気づき、主体的な学びを自分で実感できるように、教師の言葉掛けを極力減らし、動かす方向を触れて伝え、Ａさん自身の動きが意図的に出るように工夫しました。

（２）指導の評価

　足首や股関節がゆるみ動かしやすくなると、立位や歩行も安定し、教室内の移動の際に自分から積極的に歩き出す様子が見られるようになりました。身体の動かし方を学習したことで、人や物に合わせた身体の動かし方を身に付け、友達と握手する際には優しく手に触れ続けることができるようになり、以前のように楽器を壊してしまうこともなくなりました。

　当初は身体接触を拒んでいたＡさんですが、身体を通した教師とのやりとりを積み重ねることで、抵抗感が軽減し、自分からマットを敷いて学習の準備をしたり、うつ伏せになって教師と一緒に本を読むことを楽しめたりするようになりました。

４．指導を振り返って

　Ａさんは、身体の動かし方を学ぶことを通して、機能的な歩行や立位姿勢の安定だけではなく、身体を通した教師との信頼関係を築くことができました。また、自分で「できた」ことを実感的に学ぶことを通して、本人の自信が高まったのか、以前よりも積極的に人や物に関わる様子や落ち着いて学校生活を送る様子が見られました。Ａさんの事例を通して、自立活動の指導が生活全体に広がったことを実感することができ、改めて自立活動の指導の重要性を認識することができました。

【引用・参考文献】
長田実（2008）「個別の指導計画」の作成と実践．筑波大学附属桐が丘特別支援学校編．肢体不自由教育の理念と実践．
　ジアース教育新社，97-104．

事例 14 ティームを活用した個別の指導計画の作成と授業の実施・評価

こんな悩みのある方に・・・

悩み 9 保護者や医療・福祉等の関係機関と連携して自立活動の個別の指導計画を作成するには、どのようにすればよいのでしょうか。

悩み 11 自立活動の個別の指導計画の作成は、どのように行えばよいのでしょうか。

悩み 18 重度重複障害の子供の実態把握を行う際に、何を手掛かりに行えばよいのでしょうか。

悩み 22 心身の状態が不安定な子供の自立活動の指導は、どのように行えばよいのでしょうか。

この事例から学んでほしいこと

　　保護者・学校・関係機関が連携し、組織として進めてきたPDCAサイクルの営みが、代謝性脳症後遺症のAさんの成長を支えた実践事例です。教育、医療、福祉の担当者による支援ネットワーク会議の実施、医療専門家との指導連携（指導目的、指導内容、指導方法、指導結果等の確認等）、学校教職員間における指導の方向性の共有（個別の指導計画の作成と活用のシステム化）等、3年間にわたる組織的取組のあり方と手続きに着目してください。

対象の子供の実態

　地域の進学校に在籍していたAさんは、高等学校1年次の秋、拒食症になって入院しました。入院中、脳症を発症して植物状態となり、気管切開、経管栄養（胃ろう）の生活となりました。転院し治療継続していた最中、言語聴覚士（ST）がなめさせたメロンの汁への反応をきっかけに、経口摂取へと大きく進展しました。転院を繰り返しながらも、2年後に地元の病院に戻りました。車いすに乗り、ペースト食を摂り、外界の刺激に拒否反応を示すAさんが、特別支援学校（知的障害）高等部の扉をたたきました。教育現場では、自ら身体や動きに向き合う中で、主体的な学びを重ね、成長する姿が期待されます。

1．支援ネットワークの活用

　特別支援学校（知的障害）高等部への進学を検討し、Aさんは入院先から保護者と学校見学にやってきました。Aさんは背中を車いすの背もたれにつけ、顔は両手で覆い、時々大声を上げていました。手を顔から離すことや背中を起こすことを嫌い、言葉掛けに反応はありませんでした。Aさんの入学が決まると、Aさんを指導・支援する関係者（学校職員、保護者、保健師、医師、看護師等）が入院先の病院に集まりました[*1]。そこでは今後進めていく各々のAさんへの関わりや役割を確認するとともに、関係者が定期的に集まり、情報を出し合いながら指導・支援の方向性について共有していくことを決めました。日程、場所等の調整は保護者と町の保健師が行っていくことになりました。

*1　支援ネットワーク会議の運営についてはAさんの所属する町の健康福祉課が中心となり、関係諸機関に連絡・調整を行いながら実施してくれました。

2．個別の指導計画の作成と活用のシステム化

　実態が十分につかみきれないAさんの指導については、一担任の力だけでは困難であり、実態把握、課題設定、課題解決に向けた指導を組織的・計画的・系統的に行う必要がありました。個別の指導計画の作成段階においては、生徒に関する情報を複数から多角的な視点で収集し、その情報を構造図（以下、実態把握図）に表しながら可視化し[*2]、実態把握図にある生徒の全体像から課題を抽出して[*3]、課題解決に向けた指導の方策を長期（3年間）、短期（1年間）の観点から、仮説をもって探ることとしました。活用段階においては、指導の方向性を共有した教師等がそれぞれの役割をもって協働しながら指導に当たることとしました。さらに、これらのPDCAサイクルの営みの中に支援ネットワーク会議を定期的に組み込み、ティーム・アプローチを機能させながら、専門的見地からの指導・助言を個別の指導計画につなげていくこととしました。本事例はこの手続きに基づいて進めていったものです。

*2　指導担当者等より出された生徒の情報を学級、学部の枠を外した小グループがKJ法を参考に実態把握図を作成します。実態把握の客観性を確保します。

*3　子供が抱えるつまずきの背景を探り、課題を設定します。

3．指導の実際
（1）1年目の指導実践

　自分の殻に閉じこもり、他を拒絶する状況は入学後も続きました。第1回目の支援ネットワーク会議において、Aさんの最優先課題は周囲に心を開くことという見解から、動作法[*4]を参考に、自分の身体に注意を向けながら教師と一緒に身体を動かす活動に取り組み、動作コントロールとともに教師との信頼関係づくりをねらいました。まず身体を起こすことができるよう、あぐら座位、

*4　事例9の解説*3を参照。

立位に向けた指導を行いました。結果、特定の指導者に身体と心をあずけることができるようになり、また、周囲に視線を向ける等、周囲への興味・関心の広がりが見られました。

（2）2年目の指導実践

引き続き動作法を参考にした取組を行いました。主に「腕上げ」[*5]を取り入れながら、動作コントロールの向上に努めました。今まで倒れる時にも手が出なかった上肢が、次第に自分の意図した動きを可能にしていきました。

コミュニケーションについては、Aさんを主体としたやりとりを個別で十分対応してきた結果、ラポートのとれる教師や友達に心を開くとともに、両唇音（「まんま」など）ながら発語を通したやりとりができるようになりました。

（3）3年目の指導実践

実態把握図の様子も入学時とは大きく変わり、今後の伸びには様々な可能性や期待が感じられるようになりました。支援ネットワーク会議における専門家による指導・助言を個別の指導計画に生かす[*6]とともに、今まで以上に、学校内での指導の一貫性を担保する方策をとりました。それは、学部全体でAさんの個別の指導計画を授業につなげるための話し合いをもち、進めていくというものです[*7]。これはAさんに限らず全生徒を対象に、学部全体で取り組み、これにより、学部全体での個別の指導計画を生かす指導体制が整備されることとなりました。

3年生のAさんの課題については「自分でできることを増やす」「コミュニケーションの拡充」と設定しました。「自分でできることを増やす」については「身体機能の向上、特に左手の手指機能が向上することで生活スキル（食事、排泄、衣服の着脱等）や物を操作する能力の向上が見られるだろう」という仮説を立て取り組みました。「腕上げ」をしながら自己の身体と向き合わせるとともに、腕を上げたり下げたりする中で細やかに入力の部位、方向、強さを伝えていきました。同時に親指を使った遊びを学習に取り入れ、指先や机等に貼られたセロハンテープ、ガムテープ剥がしを粘着性の強弱を活用して段階的に指導を進めました。身体を曲げたり、肘の使い方を工夫したりしないと剥がせないように机上に貼るテープの大きさや位置を変えるなどの細工をしながらゲーム的に実施しました。結果、剥がすために駆使した親指の機能が向上したことで巧緻性が格段に高まり、木製ビーズから8ミリのプラスチックビーズのひも通しを可能にしました。

「コミュニケーションの拡充」については、脳が受けたダメー

[*5] 今野義孝氏等が開発した「腕あげ動作コントロール法」で、動作訓練の考え方や方法を参考にして考案されました。

[*6] 3年次に関しては、3回の支援ネットワーク会議を開催しました。参加者は保護者、県・町の福祉担当、言語聴覚士、理学療法士、作業療法士、保健師、看護師、学校職員等による10名程度で構成されています。支援ネットワーク会議ではビデオに記録した学校の様子を分析しながら指導の方向性を確認しました。

[*7] 個別の指導計画に示される生徒の実態、課題等を学部の全教職員で共有し、各指導の形態における指導の役割を明確にして授業づくりにつなげていく取組です。

ジによって情動失禁（感情を自己抑制できない）や、保続（すぐに刺激の切り替えができない）があるため、医療専門家の助言により、Aさんが学習の主体者であるとともに安心して集中できる最適な学習環境を作ることを最優先させ、集団参加にこだわらないこととしました。コミュニケーション指導を行う際には、Aさんが興味・関心を示した絵本、絵カードを教材の中心に展開することとしました。絵本や絵カード*8ではひらがな等の文字を覚えることを目的とするのではなく、あくまでそれらをコミュニケーションの媒体として使用しました。また、インリアル・アプローチの公理、基本姿勢（SOUL）を参考にしながら指導に当たりました*9。

　これらは、指導前には予想もできないほどの明瞭な発語、文字（ひらがな、漢字、英単語等）の読みにつながりました。Aさんの変容行動は瞬時には出てこないのですが、ある程度の指導期間を経て、飛躍的に伸びていく様子が見られました。各指導の形態での指導が、個別の指導計画に基づいたものであることから指導が乖離することなく、それぞれの小さな伸びが、有機的に機能し、大きな結果を出すことができたように思います。具体的な一例を挙げると、「身体機能の向上（操作動作の向上）によりビーズ使用の新たな学習活動へ」→「成就感の獲得」→「興味・関心の広がりと集中力、持続力の獲得」→「我慢の代償ができたことによる耐性の獲得」→「苦手な集団活動への参加」→「生活リズムの獲得」といったことです。このように小さな成果が大きな効果となって、いくつもの枝分かれをしながら個を総合的に変容させたものと考えます。

4．指導実践の振り返り

　子供たちを理解するためには、専門性が求められます。特に重度重複障害の理解はとりわけ難しく、経験の乏しい教師にとってはなおさらのことです。本事例を振り返ると、計画の作成段階においては保護者、関係機関の専門家とチームをつくり、誰が、いつ、どこで、何を、どのように、指導に当たるのか、個別の指導計画の中に明確に示すこと、そして計画の活用段階においては指導の方向性を共有した教師等がそれぞれの役割をもって協働し、指導・評価する営みは、極めて有効であったと考えます。

*8　絵本を読むことは、①読み切った満足感、精神の安定、場の共有をねらい、絵カードは①やりとりのきっかけ、②共通の話題、③語らいを広げる目的で使用しました。

*9　対応のポイントは、①行動を起こす時の確認、②感じ取ること、意味付けること、要求を満たすこと、③コミュニケーション関係を深めていくこと、④セルフ・トーク等を用いて認める、支える、共有すること、⑤教師の意図する方向にもって行かないことです。

事例15 自立につながる一人での登下校を目指す

 こんな悩みのある方に・・・

悩み10 子供の困難の背景にある要因を、どのように見極めたらよいのでしょうか。

悩み20 日常生活動作の獲得に向けて、自立活動の指導と日常生活場面を、どのように関連付けて指導すればよいのでしょうか。

悩み25 子供の願いや得意な面を生かした指導は、どのように考えればよいのでしょうか。

悩み27 教科学習における困難さに対して、どのような手立て・配慮を考えればよいのでしょうか。

 この事例から学んでほしいこと

　自立活動の指導では、視覚障害に基づく困難の改善・克服に向けて、様々な取組を行っています。子供一人一人の障害による学習上又は生活上の困難の背景にある要因を探りながら、指導目標や指導内容を設定していくことが大切です。
　そうすることで、子供自身が見えやすい環境をつくったり、安全な歩行方法を獲得したりでき、見えにくさを起因とした生活のしづらさの改善へとつながります。

 対象の子供の実態

　先天性眼疾患のあるAさんは特別支援学校（視覚障害）中学部の生徒です。視力は右0.15、左0.1、視野狭窄があり、見え方としては足元や周辺が見えにくい状況です。また、明るい場所でまぶしさを感じることがあったり、暗い場所では、明るい場所よりも見えにくさがあったりします。幼稚部から盲学校に在籍しており、準ずる教育課程で学習を行っています。寄宿舎で生活をしているため、月曜日の登校、金曜日の帰りは、保護者の送迎で登下校していました。

1．なぜ歩行指導を自立活動の指導で行うか

　自立活動における、視覚障害のある子供の「歩行指導」と聞くと、白杖操作の習得を目指した技術的な学習、自立活動の内容である「身体の動き」を想像されるかもしれませんが、決してそれだけではありません。一人で安全な歩行を行うためには、周辺の状況の理解や対応についての学習（心理的な安定）、困った時には周囲の方に解決方法を聞いたり、支援をしてもらったりするための学習（人間関係の形成、コミュニケーション）など複数の区分を関連させた学習活動を、系統立てて展開していく必要があります。

　Aさんは、小学部時代から個別の指導計画に基づいて、学校生活全体を通じて、単眼鏡などの視覚補助具の活用、手指の操作性の向上をねらった活動を行ってきました。自立活動の時間の指導では、歩行指導として白杖の操作、地図の活用などの学習を積み重ねてきました。中学部になると、長期休業中などに行われる部活動などに参加する際にも、保護者の送迎が必要となり、保護者に迷惑をかけず、「一人で歩きたい」という思いがありました。そういったAさんの気持ちも尊重しながら、自立活動の指導において、歩行指導に焦点を当てた学習を設定しました。

2．実態把握

（1）教育的な視機能評価

　Aさんの学習上又は生活上の困難の実態把握をし、歩行指導を取り上げることが決まった後、さらに視機能の状態を把握して、指導・支援の方向性を考えました。その際、教育的な視機能評価[*1]を大切にしました。学校生活において、明るさなど環境が変化していく日常生活上でいかに視機能を活用できるのか、場面を想定しながら見え方を確認しました。

（2）歩行場面における視覚評価の実施

　条件がある程度一定の教室での学習と、周辺環境が変化する屋外での歩行では、見え方や目の使い方に違いが出てくることもあります。そこで、学校周辺の環境を使い、歩行場面における視覚評価表を作成し、評価を行いました。視機能評価から得られた情報をもとにしながら、実際にAさんと歩き、状況の確認や環境についての説明ができるかどうかの評価を行う中で、歩行中の留意事項や活用できるヒントなどの情報を得ることにしました。

（3）Aさんの歩行場面における視覚評価から

　様々な環境で評価したところ、暗い場所での歩行、特に明るい

[*1]「子どもたちの生きる力を養い、生活を豊かにする上でどのような場面でどれだけ視覚が活用できているのかを把握し、その結果に基づいて、より快適で効果的な学習や生活の環境をつくることを第一義として日々の生活の中で実施するもの」（大河原他，1999:60）とされています。

場所から暗い場所へ環境が変わる時の対応を丁寧に行いました。屋外においては、陽の当たり方で、明るさが変化することは十分に想定されるので、特に注意が必要だと分かりました。歩き方としては、歩きながらの場合は、動いているものの発見、確認が遅れることから、止まっているものよりも走っている自転車や向かってくる人の発見が比較的苦手であることが分かりました。

（4）Aさんの学習場面での支援・配慮

教科担当者とも連携を図り、学習時の姿勢の保持のために書見台を活用することにしました。また、遮光カーテンで直接的な光を遮り、遮光眼鏡を装用することでまぶしさの軽減[*2]を図りました。学習で使用する文字の大きさは、Aさんにとって学習効率の良い22ポイント[*3]、視覚補助具は、黒板を確認するために単眼鏡（6倍）、手元の文字を拡大するために拡大読書機などを活用して学習に取り組んでいくことにしました。

（5）Aさんの個別の指導計画

Aさんの見え方や気持ちなどの実態把握から、Aさんの一人での登下校に向けて必要な学習の中心課題は、駅の利用だと考え、指導目標及び具体的な指導内容を検討し、個別の指導計画の見直しをしました。指導の際は、個別の指導計画をツールに、関係者が連携していくことも確認しました。

3．指導の実際

（1）プラットホームの利用　＜第1段階＞

プラットホームは、線路への転落といった危険が想定される場所なので、安全の確保[*4]が最優先になります。白杖操作の具体的な方法だけでなく、その理由についても一緒にホーム上で確認しながら学習を行いました。また、より安全性を高められるよう、事前に駅や電車の情報を得るだけではなく、単眼鏡を活用して、電光掲示板で電車の時間や行き先、番線の確認も行いました。時間帯や場所によっては暗い場所もあり、見えにくさも出てくるので、フラッシュライトを活用して足元を明るくし、白杖だけでなく、目視での確認もできるようにしました。

はじめは停車中の電車を利用して、扉付近のつくりや開閉音などについても確認しました。実際の乗降場面では、階段などに人が集中して混雑し、安全の確保が十分でないことがあったため、状況の変化に対応できるよう、壁など動かないものがある安全な場所でいったん待機し、人の流れが去ってから移動をする練習も行いました。

[*2] まぶしさを感じる子供への環境への配慮としては、カーテンなどで光を遮るほかに、座席位置を廊下側にするなどがあります。また、明るい方が見えやすい子供には、手元を照らすライトなどの活用も有効です。

[*3] 学習時の弱視の子供の支援方法は、見え方に応じて異なります。視力値が低いからといって、文字を大きくすればよいというわけではありません。その子供の見える範囲や、教材などのコントラストの違いで学習効率は大きく変わってきます。

[*4] プラットホームでは、①ホームの端が分かるよう、白杖の先は地面から持ち上げずに振ること、②自分自身の安全の確保のために通常よりも必要に応じて少し大きく振ること、③不安があれば周囲に助けを求めることの3点が基本とされています。

（2）コンコースの歩行　＜第2段階＞

　利用する駅はターミナル駅です。自分の安全を確保した上で、周囲に配慮しながら歩くことも必要となります。コンコースは、たくさんの人が行き交う場所なので、様々な状況に対応できるよう繰り返し練習を行いました。周囲への配慮として、歩行者の足を白杖で引っかけないように、通常よりも白杖を少し短く持ち、振り幅を少し小さくする方法で歩くことにしました。はじめは、押し寄せるような人波に足がすくんでしまうこともありましたが、練習を重ねることで、周囲の環境を意識しながら、安全に、しかも自信をもって歩くことができるようになりました。

（3）Aさんの変容

　各段階において、白杖操作等の技術の確認だけでなく、実際に歩いている時の生徒の表情や様子から、生徒の気持ちに寄り添いながら学習の振り返りを行うようにしました。ホームから転落の危険がある電車の乗り降りだけでなく、コンコースの押し寄せる人波を歩く時にも恐怖心を抱いているような姿があったので、人混みが比較的少ないコンコースでの練習から始めました。また、指導のはじめでは、生徒の側に位置し、練習が進むにつれて少しずつ距離を置くようにし、安全が確保できる少し離れた場所から見守るようにしました。

　このように教師がPDCAサイクルの視点をもちながら繰り返しの学習を行うことで、安全に駅を利用することができるようになり、一人で登下校ができるようになりました。そして、自分の歩行に自信をもてるようになり、休日に友達と待ち合わせをする予定を立てる等、生活全般での成長が見られるようになりました。

4．指導を振り返って

　このように、系統立てた学習を行い、評価を行うことで、ニーズに沿った指導が展開でき、見えにくさからくる生活上の困難の軽減や、社会生活への広がりが見られるようになります。

【引用・参考文献】
大河原潔・香川邦生・瀬尾政雄・鈴木篤・千田耕基編（1999）視力の弱い子どもの理解と支援．教育出版．
香川邦生編著（2016）五訂版　視覚障害教育に携わる方のために．慶應義塾大学出版会．
芝田裕一（2010）視覚障害児・者の歩行指導―特別支援教育からリハビリテーションまで―．北大路書房．
全国盲学校長会編著（2016）見えない・見えにくい子供のための歩行指導Q＆A．ジアース教育新社．
文部省（1985）歩行指導の手引．慶應義塾大学出版会．

事例16 覚醒レベルが低い子供の初期感覚の機能を高めるために

こんな悩みのある方に・・・

悩み15 自立活動の指導に当たって、どのように発達の道筋をおさえればよいのでしょうか。

悩み18 重度重複障害の子供の実態把握を行う際に、何を手掛かりに行えばよいのでしょうか。

悩み20 日常生活動作の獲得に向けて、自立活動の指導と日常生活場面を、どのように関連付けて指導すればよいのでしょうか。

悩み22 心身の状態が不安定な子供の自立活動の指導は、どのように行えばよいのでしょうか。

この事例から学んでほしいこと

日常的にぼんやりしている、応答が弱い、集中が途切れやすいなどの背景には、前庭感覚・固有感覚・触覚などのいわゆる初期感覚[*1]の感覚調整[*2]の問題が潜んでいることが多くみられます（宇佐川, 2007）。ところが、初期感覚に関する知識は学校現場ではまだあまり知られていません。初期感覚の機能が向上するだけでも、手元を見る力が育つ、やりとりが続くようになる、考えて行動する場面が増えるなど、運動・認知・情緒・言語コミュニケーションなど諸側面の発達が促されることが多いので、理解を深めましょう。

対象の子供の実態

A君は、特別支援学校（知的障害）小学部2年生の男子です。医学的診断名は「精神運動発達遅滞」で、知的障害の程度は重度です。日常的にぼんやりしていることが多く、呼び掛けてもなかなか気づくことがありません。自分から好んで選択する遊びも、歌の出る絵本を耳元に当て続けたり、電車のおもちゃの車輪が回るのをジーッと眺めたりするような静かな活動が中心です。その一方で、バランスを崩すことが予想される遊具には近づこうとしない、身体の中心部に触れられそうになると警戒するなどの様子も見られます。

1．対象児の詳細 ―初期感覚の機能を整理する―

　A君のように、ボーッとしている時間が長いことを「覚醒レベルが低い」と表現します。覚醒レベルは、脳をクリアな状態に保ったり、活動に対する意欲を高く維持したりすることに役立てられます。したがって、A君が日々の授業への参加に期待感を高めるには、覚醒レベルを上げる必要があるといえます。上記のような特徴は、感覚統合の視点では「感覚鈍麻（低反応）」であると整理されます。そのようなケースでは、強めの激しい感覚刺激を教師から入力される（例えば、ブランコを強く押すなど）ことによって、その状態が改善されることが知られています。その一方で、A君は、ブランコやすべり台などの遊具には近づこうとしなかったり、犬のおもちゃや鬼のお面などを怖がって警戒したりすることもあります。こうした行動特徴は「感覚過敏（過反応）」であると整理されます。

　障害のある子供の場合、感覚機能は鈍麻か過敏かという明確な区分けは難しく、むしろ両極端が複雑に絡み合っているケースのほうが多く見られます。したがって、その混在の状況を整理した上で、自立活動の内容「4（2）感覚や認知の特性への対応に関すること」をもとに指導場面を設定していくことが大切になります。A君の感覚機能の混在状態は図1のように整理できます。

		自己調整行動反応（感覚の状態を調整するために何をするか）	
		受け身のとき示す行動や反応	自分からとる行動
（強）感覚の使われ方の連続体（強）	過反応（過敏）	【過敏・過反応・過剰反応】 ＝刺激に対して過剰な反応が出やすい ●くすぐったがり ●体の中心部に触られることを嫌がる ●大きな突然の音にビックリする ●バランスボール上での立位などバランスが保てないことを怖がる	【感覚回避】 ＝刺激から遠ざかる行動が出やすい ●すべり台やブランコには近づこうとしない ●犬のおもちゃや鬼のお面などを怖がり、近づこうとしない
	正常域	【正常】 ＝気にしすぎない程度に受け流せる、やり過ごせる、忘れられる	
	低反応（鈍麻）	【鈍麻・低反応・低登録】 ＝感覚刺激に対する反応が鈍く弱い ●呼び止めても、あまり振り向かない ●ボンヤリ（ボーッ）としている場面が多い ●机に伏せて電車を見る、耳元に音の出る絵本を当てるなどの遊びが多い	【感覚探求（自己刺激行動）】 ＝刺激を追い求める対処行動が出やすい ●男性教員の大きな手でしっかりとホールドされた状態であれば、高い高いなどをもとめる ●指をくわえる ●怒った時には自分の腕を強く噛む

図1　A君の感覚の使われ方の整理

　このように、A君のつまずきの「根っこ」には、初期感覚の過敏と鈍麻が入り乱れている状態があります。これらがバランスの整った状態になれば、覚醒レベルが上がり、認知やコミュニケー

---

*1　基礎感覚ともいいます。発達の初期（生後すぐ）に主に使われている3つの感覚（前庭感覚・固有感覚・触覚）の総称です。発達の土台とされており、これらのつまずきの改善によって、姿勢・運動・認知・情緒・コミュニケーションなどの発達にもよい影響がもたらされます。

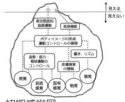

初期感覚図
（川上，2015より）

*2　感覚刺激の受けとめ方には個人差があり、下の図のように「器の大きさ」にたとえられます。「鈍麻（低反応）」は器が大きすぎるために、たくさんの刺激情報を入力されないと気づけなかったり、普段から自己刺激行動という形で感覚刺激を作り出して不足部分を満たそうとする動きが頻出したりする状態をいいます。この場合は、感覚刺激を入力する時間や量を十分に確保するようにします。一方の「過敏（過反応）」は、器が小さく、刺激に対するオーバーフローが早い状態を指します。過敏が見られる子供には、不安を感じさせないよう、慎重に少しずつ感覚刺激の量を増やしていく配慮が必要となります。

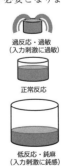

感覚調整の問題
（川上，2015より）

ションの能力が向上するであろうと仮説を立てました。

2．自立活動の指導計画と指導の実際

【長期目標（1年）】
・物事の流れを理解して、学習・行動に取り組めるようになる。
・発声やサインで、自発的な意思の発信ができるようになる。

【事前に想定したA君の発達の道筋】
第1期　前庭感覚の過反応を漸減する。
第2期　立ち直り反応[*3]が現れ、姿勢を保とうとする。学習の土台となる姿勢づくりができる。
第3期　筋トーン[*4]の亢進とともに覚醒レベルが上がり、注意機能が向上する。
第4期　視線が安定し、見比べが必要な机上課題に取り組める。
第5期　絵カードマッチングが進みスケジュールが理解できる。

【自立活動の1時間の指導内容】
　自立活動の指導内容を表1に示します。展開①は通年で教師がいす座位でバランスボールを両膝で挟み、その上にA君を立たせたり、ジャンプさせたりしました。展開②はA君の姿勢や視線の安定度を踏まえながら、机上課題を期ごとに設定しました。

*3　頭－体幹－四肢の位置関係を適切に保ち、自動的に正常な姿勢に修正しようとする反応のこと。

*4　筋の一定の緊張状態のことで、筋緊張、筋トーヌスともいいます。筋トーンが低いことを「低緊張」とよび、低覚醒（脳がしっかりと働いていない状態）や低登録（外部からの刺激や情報を受けとめる準備ができていない状態）につながりやすくなります。筋トーンを改善するだけで、覚醒レベルや情報の取捨選択の力が向上するケースも少なくありません。

表1　自立活動の1時間の指導内容

	指導内容				
導入	はじめの挨拶				
展開① 前庭感覚を整える (15-20分)	バランスボール立位・ジャンプ（教師が後方から補助） ○立位で母指球3：小指球2：踵5の割合で重心をかけさせる ○ジャンプを後方から補助する（30回～50回） ○教師の指を握らせ、バランス崩しに対して踏ん張る				
展開② 机上での認知課題 (20-25分)	第1期	第2期	第3期	第4期	第5期
	○ひも通し ○キューブさし ○リング抜き（5～8の曲がり角を通って抜き取る）	○指示されたところに対応させる型はめ ○5種の絵カードのマッチング ○9～16ピースのパズル	○4色のカードの弁別 ○20ピースのパズル	○4色×4形のマトリックス ○コップに物を隠すワーキングメモリ課題	○授業名称のカードと音声指示のマッチング ○動作カードのマッチング ○三角タングラム
まとめ	スケジュールを示して達成度を確認する おわりの挨拶				

3．指導の実際と経過

　第1期には、バランスボールの上に立ち上がることすら難しく、わずか数秒ですぐに座り込むような状態でした。次第に、気持ちにゆとりが出てきて、後方からしっかりと腰部をホールドしてあ

げれば、バランスボールの上で膝の曲げ伸ばしができるようになりました。この時期の机上課題は、ひも通しやリング抜きなど、始点と終点が明確な課題を用意しました。視線が少しずつ安定してきました。

　第2期には、補助付きジャンプを30～50回連続して取り組めるようになってきました。この頃には、教師の指示に合わせて教材を操作する課題に取り組み始めました。また、階段の昇降動作が1足1段になったり、教師や友達の声や動作を模倣したりといった場面がたくさん見られるようになりました。

　第3期には、バランスボールの上で30～50回連続ジャンプをした後に、立位で教師の指を握った状態にさせ、前後・左右に軸を傾ける活動を加えました。背中側に倒されそうになっても踏ん張れるようになり、机上課題での姿勢づくりと視線の安定度がさらに増しました。見分けたり、見比べたりする弁別課題に取り組み始め、また、体育の授業では後ろ向きで歩けるようになりました。

　第4期には、安定した重心移動が見られるようになったため、バランスボール課題の回数や内容は変えずに、教師の後方からの支えを弱くしました。この頃の机上課題では、2つの属性を考えるマトリックス課題や、複数のコップの中に1つだけ物を隠して探し当てるワーキングメモリー課題に取り組みました。回答する時に指さしを教えたことで、日常生活でもA君が指さしを使ってコミュニケーションをとる場面が増えてきました。また急激に理解言語が増え、A君自身が人の名前を呼ぶ場面もありました。

　第5期のバランスボールの内容は第4期と同じです。机上課題では教師が音声言語で授業名称を伝え、それに対応する絵カードを選ぶ課題に取り組みました。100％確実に選択できるようになったことを確認し、A君専用のスケジュール（縦に授業や当番活動、休み時間の過ごし方など、一日の流れを並べたもの）を作りました。A君もそれを見て確認してから行動するようになりました。

4．指導を振り返って

　覚醒レベルが上がることで、潜んでいた認知面の能力が一気に開花したように発達しました。あらためて、子供の感覚機能の状態を見極めた上で、初期感覚へのアプローチを行うことの大切さを感じました。

【引用・参考文献】
宇佐川浩（2007）障害児の発達臨床Ⅰ　感覚と運動の高次化からみた子供理解．学苑社，94-102．
川上康則（2015）発達の気になる子の 学校・家庭で楽しくできる感覚統合あそび．ナツメ社，10,15．

事例 17　見る力の伸長による情報処理の向上

こんな悩みのある方に・・・

悩み 14　障害種によって、指導内容や指導方法は決まっているのでしょうか。

悩み 15　自立活動の指導に当たって、どのように発達の道筋をおさえればよいのでしょうか。

悩み 21　子供が指導に対して消極的・拒否的で、なかなか主体的な取組へと発展しません。

悩み 25　子供の願いや得意な面を生かした指導は、どのように考えればよいのでしょうか。

この事例から学んでほしいこと

「もっと手と目を使って認知力を高めていく」と目標を設定しても、「どのような指導をしていいのか分からない」「何を指導していいのか分からない」と感じることがあると思います。このような時、まずは丁寧に実態把握を行い、どの力を伸ばしていくことが大切か整理した上で学習を進めることで、教科につながる力を育てることができるのではないかと思います。

対象の子供の実態

脳性まひで特別支援学校（肢体不自由）小学部3年生のA君は、毎日授業になると泣いており、なかなか他の授業に参加できる状態ではありませんでした。担任間で「どうしたら落ち着いて学校生活を送れるのか」A君の課題を整理しました。その中で、まずは担任との人間関係を深めながら、情緒の安定を図るためにも、「認知力を高めていく」指導を行っていくこととしました。

1．A君はなぜ泣いてしまうのか

　A君は、登校後車いすから降りると、一歩もその場所から動くことがありませんでした。A君は四つ這いで移動する力がありますが、ほとんど同じ場所に座って、身体を揺らし続ける自己刺激行動になってしまう状況でした。また授業では、ずっと泣いている状況が続きました。特に音楽での楽器演奏など、音の刺激が強い学習では、すぐに不安になって大泣きをしていました。担任が抱っこしたり、近くで寄り添ったりしても泣き止むことはありませんでした。

　一方で、A君が好きな活動は、「散歩」でした。教師が車いすを押して外に出ると、泣き止んだり、笑ったりするなど、散歩はA君にとって気持ちを切り替える活動でした。

2．A君の実態からの課題の整理

　A君の学校生活の様子から、教師は「なぜA君は泣いてしまうのだろうか」「どのようにA君と関わればいいのだろうか」[*1]、そして「どうしたら落ち着いて、学校生活を送れるのだろうか」と悩んでいました。そこで、A君が在籍しているクラスを一緒に担任しているB先生とケース会を開き、A君の実態を整理していく中で、A君の中心的な課題として「情緒の安定」が挙がり、どのような指導目標・指導内容で行うか、学部のケース会で検討を行いました。ケース会を重ねていく中で[*2]、例えば、集会や音楽会などは見通しがもちにくく、音刺激が強すぎて「状況をうまく理解しにくい、分かりにくい」のではないかと考えました。一方、本の読み聞かせや、図画工作などの学習では泣く回数は少ないA君の様子から、視覚からの情報でうまく処理できる力を高めていくと、情緒が安定するのではないかと考えました。

　そこで、A君の自立活動の時間の指導では、「視覚的な認知力を高めていく」指導を行うこととしました。特に、「追視」や「見分ける」「見続ける」など、A君の見え方、見方について分析していく必要があると考えました。A君は、手でおもちゃなどの物に触れていると、物を見ることが少なく手の触覚だけで楽しんでいる様子が見られました。一方で、しばらく物に触れていると、投げたり、なめたりする行動が見られました。その行動の要因として、A君は指先に力が入りやすく、また普段の様子でも机をたたくなどの自己刺激的な行動が見られました。そこで教師（筆者）は、A君が手で触れて情報を獲得しても、うまく触れた物を見て認知することが難しく、手などの触覚からの情報の獲得も大切に

[*1] 泣いていることにとらわれず、泣いてしまう「背景」を考えることが重要です。

[*2] ケース会では、担任が事前にA君の課題を付箋に書き出し、実態把握図を作成しました（手続は事例1）。ケース会では、実態図をもとに、日々の授業の様子などを授業等でA君に関係する先生で話し合います。話し合いは1時間程度で行いました。子供の様子について情報を共有しながら、教師間で共通理解を図ることが重要です。

しつつ、「見る力」を伸ばしていくことでA君の情報の処理の幅が広がるのではないかと考えました。

3．指導内容について

（1）「自立活動の時間における指導」の指導目標・指導内容

A君が在籍する特別支援学校では、個別学習が週3時間設定されており、その時間の中で認知力を高める指導を行いました。

【年間目標】
・手で触れたものを、見続けたり、持ち続けたりすることができる。

【指導内容】

① 当初の指導内容

指導目標	手立て・配慮
○車いすを自分で操作して、好きな場所に行くことができる。	A君が好きな散歩を通じて、自分で車いすを操作することで「触れる」「触れ続けながら」、目と手を合わせて使う意欲が高まるのではないか。
○A君が好きなおもちゃや本を、教師と一緒に楽しむことができる。	ボタンを押したら、音楽が流れるおもちゃを用いてマットの上で遊ぶ。

② 半年後の指導内容

指導目標	手立て・配慮
○ビー玉やおはじきを、貯金箱などに入れることができる。	つまむ動作ができるようなってきたので、ビー玉を筒に入れたり、おはじきを貯金箱に入れたりする。
○丸、三角、四角の型はめパズルを入れることができる。	三角や四角の型はめパズルでは、角をうまく合わせることができるように、背景を黒くして見やすくする。

【生活全般の手立て・配慮】＊3

座位保持装置や車いすで学習を行っていくと、姿勢が崩れやすいので座り直したり、身体を伸ばしたりする配慮が必要でした。

（2）A君の指導当初

A君は、机上での学習に取り組む経験が、ほとんどありませんでした。そこで、まずはA君が好きな学習や取り組みやすい活動を見つけ出して、音楽が流れるおもちゃを用いて指導を始めました。また、A君は、散歩に行くと楽しそうにしていました。そこで、教師が車いすを押すのではなく、A君自身で車いすを操作するようにしました。A君が自分で車いすを操作することで、手の操作性の向上に加え、散歩を通して外界へ自分で働き掛けることができ、興味・関心が広がると考えました。さらに、これまで自

＊3 学校生活全般の配慮とは、学習場面だけでなく学校生活全般で配慮しなければならないことを、記述しておき引き継いでいくことは大切です。

分で移動する経験が乏しかったA君に対して、「自分で動くことができる」楽しみや自信を身に付けてほしいと願い、自立活動の時間に車いすを自分で操作して散歩する活動を設定しました。

（3）A君の指導内容の修正

　指導を続けてうちに、再度A君のケース会を行いました*4。A君は、少しずつ落ち着いて学校生活を送れるようになりました。そこで、ビー玉やおはじき、型はめパズルなどを使いながら、目と手の協応動作を高める指導を行うこととしました。この指導内容を設定した理由として、おはじきやビー玉入れは、入った瞬間音が鳴り自分で入れたことが分かりやすく、型はめでは、入った瞬間を手で感触を感じるのではないかと考えました。

　当初、ビー玉やおはじき入れの学習に取り組む時に、A君が自分の手元を見ながら取り組むことは難しいと思っていました。学習の難易度を調整したり、手元を見ることを促しながら、教師がA君の手を動かす方向をリードして学習を操り返し行いました。そしてビー玉をうまく入れることができたら褒めるなどしながら成功体験を積み重ねていくと、ビー玉入れや型はめパズルが、一人でできるようになってきました。その後、A君はうまく入れることができない時は、持ち方を変えたり、教師に渡して手伝ってと伝えたりするなど、A君自身が課題を解決するために思考し、工夫しながら取り組む様子が見られました。「できた」「やれた」という自己肯定感が、A君の自信につながり、課題に取り組むことができました。

*4　細かく評価を行い、ケース会を通して多くの先生で評価を行うことで、客観的な評価と適切な課題設定につながるのではないでしょうか。

4．指導を振り返って

　A君は認知力が高まっていくことで、学校生活でも落ち着いて生活できるようになりました。また、認知学習を通じ、教師とA君の信頼関係も深まったことが情緒の安定の要因とも考えられました。また、A君の算数や国語などの教科学習につながる力が育ってきたと考えています。改めて特別支援学校学習指導要領に示されている算数や国語などの各教科の目標や内容と照らし合わせながら、A君の段階を見極めていきたいと思います。そして、「できた」「分かった」ということを、A君自身が感じることのできる指導目標、指導内容を設定することが重要だと感じました。

事例 18 子供の自己評価を生かす指導と評価の工夫

こんな悩みのある方に・・・

悩み 20 日常生活動作の獲得に向けて、自立活動の指導と日常生活場面を、どのように関連付けて指導すればよいのでしょうか。

悩み 21 子供が指導に対して消極的・拒否的で、なかなか主体的な取組へと発展しません。

悩み 25 子供の願いや得意な面を生かした指導は、どのように考えればよいのでしょうか。

この事例から学んでほしいこと

　　自立活動は、子供が主体的に取り組むことが求められますが、指導の方法や内容に悩むことは少なくありません。本事例では、自己評価の観点を生徒と一緒に確認しながら作成し、自己評価を取り入れて指導を展開して主体的な学びを引き出してみました。自己の身体の気づきの高まりが、生活全体での課題にも影響していることに本人が気づくことができ、自己理解や自己管理力が向上し、主体的に自己ケアすることにつながりました。

対象の子供の実態

　右片まひのある特別支援学校（肢体不自由）中学部3年生です。自立活動の指導では、「日常生活の中での自己管理意識を高める」「安定した座位や立位姿勢の保持」に関する指導目標を掲げました。小学部の時も自立活動の授業で身体の動きに関する学習を行っています。しかし、中学生になってからより主体的に取り組むことを期待していましたが、「疲れや姿勢の崩れに気づいていない」「日常的自己ケア方法を身に付けていない」等の様子が見られました。そして、疲労や身体の痛み等を訴えることがありました。

事例 | 18 | 子供の自己評価を生かす指導と評価の工夫

1．なぜ主体性や意欲を高める指導に自己評価なのか？

　Aさんは教師からの関わりを受け入れて自立活動の学習に取り組んでいます。しかし、気になることがあると身体の学習に集中できず、授業は受け身的で、学んだことを日常生活に生かそうとする様子も見られませんでした。その背景には、片まひがあり疲れやすく身体の状態に気づきにくいAさんの特徴が挙げられます。また、人間関係や進路のことで不安があり、自信のなさや集中のしにくさを感じていますが、身体のことと日常生活や心理的なことをつなげて考えることはできていませんでした。そこで、身体の学習の気づきを高めるために、自己評価を取り入れました[1・2]。自己の身体の状態に気づけるようになると、疲れや姿勢の崩れを受容できるようになりました。そして、自己の身体の状態の改善を期待して授業に臨み、前の学びからどのように成長しているか、より深い学びに向かっているかどうかを主体的に捉えることができるようになりました[3]。

2．実態把握

　Aさんの姿勢・運動面の困難点と日常生活や学習場面の困難点の間にどのような関連があるかを整理しました（図1）。

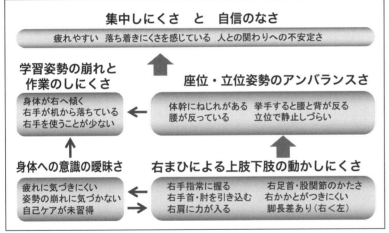

図1　Aさんの実態把握図

3．指導の実際
（1）指導目標と指導内容
【指導目標】
・自己の姿勢や疲れの変化に気づき、身体への意識を高める。
・安定した座位や立位姿勢をとることができる。
・自己ケアの方法を習得し、主体的に取り組み、習慣化できる。

---

[1] 社会に出てからも、自己理解し、得意不得意を伝えることができ、進路先で人間関係を築く力が必要となります。

[2] 日本脳性麻痺の外科研究会（2010）は、卒業後には進学や就職によりPTなどの訓練機会が減少し身体ケアへの希薄な時期を迎え、身体機能低下に気づきにくい特徴もあいまって、30〜40代から主に首肩の痛みが生じ、身体状態が就労状態にも影響することなどを指摘しています。

[3] 自己評価は本人の気づきを見える化することにより、生徒自身が「どう成長しているか」「より深い学びに向かっているか」を主体的に捉えることができ、学ぶ意欲の伸長につながります。

【指導内容】
・本人による身体の状態や学習前後の姿勢の違いの具体的説明。
・身体各部位（股腰まわり、首肩まわり等）のリラクゼーション。
・あぐら座や立位などで体幹の軸を意識した動きの学習。
・自分でできる自己ケア方法の習得と習慣化（中2から）。

（2）指導計画と評価の工夫

　自己評価は、身体の学習の場面で「学習前後の変化に気づく」ことから始めます。学習した片方と未学習の片方を比べて違いに気づくことや、ある練習の前後で違いに気づくこと、授業の前後で学習の成果に気づくことができるかなどです。評価の観点は生徒の気づきに基づき、生徒と一緒に確認しながら作成します[*4]。

　学習前後の変化に気づけるようになったら、徐々に授業の導入部で「今日の身体の状態を比較して具体的に伝えられる」ようにします。今日の身体の状態を先週と比べたり、2～3週間のスパンで比較したり、テストや同行事を数か月から1年のスパンで比較したりします。

　さらに、「学習成果を日常生活に生かせる」ように指導します。疲れや姿勢の崩れの原因について日常生活を振り返って考えたり、教室場面での姿勢を意識・修正したりできるようにします。また、身体の状態に合わせて授業での学習内容を考えたり、必要な支援を依頼できるようにしたりします。

　つまり、身体の学習における自己評価する力が、自己理解を促進させ自己管理力につながるように指導を工夫します。

（3）指導の経過

　中学部1年生の頃は、話を聞く場面でじっとしていられず常に動いている様子が観察されました。小学部から何か不安なことがあると落ち着きのない行動が表れることは引き継いでいました。そこで、注目したのが不安を感じている時の姿勢の崩れです。本人が今の身体の状態をどう感じているのかに焦点を当て、動作法を参考にした身体の学習の後に、本人の感じ方がどう変化したかを確認しました。「各部位のゆるめの学習」を指導内容として取り上げ、「学習前後の変化に気づく」ことをねらいました。するとAさんは肩や腰のリラクゼーションの前後で身体が軽くなった等の自己の身体の状態の変化について語るようになりました。

　2学期には、授業の導入部分であぐら座で背筋をなるべく伸ばして5秒間中何秒間じっとしていられるかを評価の観点として、疲れや姿勢の偏りを自己評価できるようになりました。学校行事やテストの後は静止できる秒数が大幅に減る状態に気づくなど、

*4　自己評価の視点は指導者が与えるのではなく一緒に作成していくプロセスを大切にして関わります。

今日の状態を先週と比較できるようになりました。3学期には、授業導入部での姿勢の状態が、身体の学習によって、授業の最後（まとめ）には改善していることに気づけるようになりました。

中学部2年生の1学期には、授業前に「右前方に引っ張られているみたい」と立位姿勢の状態を具体的に言語化できるようになりました。また、疲れているとその状態がより顕著になることにも気づき、日常生活の疲れと授業前の姿勢の崩れとを結び付けて考えられるようになりました。

中学部3年生では、進路の悩みから不安が大きくなり、不安に感じていることがあると身体のかたさにもつながることに気づくことができました。進路の悩みを抱えながらも、自己の身体への意識が高まり自己ケアが習慣化してきました。

3学期に3年間の自立活動の授業を振り返り、以下のように本人がまとめました。「中1の頃は、理由は分からないけれど物に当たり、疲れていても身体のことをよく理解できていなかったが、今は立位で今日の調子が分かるようになり、集中もできるようになった。これは、自立活動の授業の前後で身体の状態の変化に気づくようになったからではないか。また、相談する時に頭の中で整理できるようになったり、友達に気を配ることもできるようになったりするなど、身体への意識の向上が、心理面や人間関係にも良い影響を与えた。」さらに、Aさんと一緒に作成してきた自己評価の観点を踏まえて「立位で今日の調子をチェックすること」と「今日の調子に合わせた身体の学習」を整理しました（図2）。

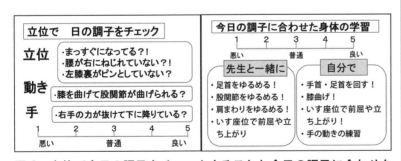

図2　立位で今日の調子をチェックすることと今日の調子に合わせた身体の学習

4．指導を振り返って

自己評価を行うことで、身体の学習の成果を実感でき、自己の身体への気づきを高めることができました。また、評価の観点を明確にしながら自己の課題に目を向けて取り組む中で、自己受容にも変化があったのではないかと考えます。

事例19 重度重複障害のある子供の意思表出を促す関わり

こんな悩みのある方に・・・

悩み12 自立活動の指導におけるティーム・ティーチングは、どのように行えばよいのでしょうか。

悩み15 自立活動の指導に当たって、どのように発達の道筋をおさえればよいのでしょうか。

悩み18 重度重複障害の子供の実態把握を行う際に、何を手掛かりに行えばよいのでしょうか。

悩み29 医療的な配慮が必要な子供の指導は、どのように考えればよいのでしょうか。

この事例から学んでほしいこと

重い障害のある子供には、学習活動を積み重ねる中で、自分の働き掛けは他者に影響を与える力があるということに気づいてほしいと考えます。そのために教師は、子供に対して「伝わるコミュニケーション」をとっていく必要があります。特に、自分の働き掛け（この事例では意思の表出）が、関わり手である他者に伝わったことを実感してもらうように分かりやすく応答し、関わることが重要です。

対象の子供の実態

Aさんは特別支援学校（知的障害）小学部5年生です。人工呼吸器を使用して、気管カニューレ内の喀痰吸引、胃ろうによる経管栄養等医療的ケアを必要としています。見ることでは光を捉える程度のようですが、聴くことでは音源の方向に眼球は動いています。表情の変化からは、人の声を聞き分けている様子も見られています。意思表出の主な手段は、「笑顔になる、うなずく（顔が下方へ動く）、口を開ける、表情を変える」です。保護者の情報から、学校では表情を変えながら、肩に力が入り右上肢を回内伸展させるような時は、「Ｎｏ」（否定や拒否）の表出として受け止めています。

1．意思の表出を促す関わりについて

　Aさんの呼吸管理[*1]は繊細で、どうしても肺炎が重症化しやすく、その都度入院になるため、欠席日数が増えていました。私たちにとって学習の積み重ねが難しいと感じる子供でした。Aさん自身も久しぶりの登校で緊張してしまうと、学習活動中も表情も変えずに眼を閉じていることが多くありました。

　このような時、私たちには、Aさんの保護者（母親）の関わり方がとても参考になりました。その関わり方はとても分かりやすく、母親はAさんの手を握りながら真正面で言葉を掛けていくという常に変わらぬ態度でした。母親の姿勢を手本として、私たちは、学級の子供たちに分かるように伝える「伝わるコミュニケーション」をしていこうと考え方[*2]を共有しました。さらに、Aさん自身に伝わったことを実感してもらうために、意思の表出として受け止めた時や応答の時は必ず「分かりました」と担任間で同じ言葉掛けをしました。私たちは、「十分伝わっているよ」という事実をAさんに返していくようにしました。

2．指導の実際
（1）重点目標と指導方針

　Aさんは自立活動を中心に、日常生活の指導、生活単元学習、音楽、特別活動の学習をしています。個別の指導計画では、図に示すAさんの課題からコミュニケーションを育むことは重要と考え、Aさんが働き掛けに応えること、自分から発信することを重点目標としました。

*1　学習指導要領解説自立活動編で示されているように、健康の保持の内容です。健康状態の把握については、バイタルサインにかかる基本的知識の習得及び養護教諭や看護師等と十分連携を図って指導を進めることが大切です。

*2　岩根章夫氏は、コミュニケーションを支援する上での観点として、①分かるように伝える、②できる方法で自分を表現してもらう、の2点を示しています。筆者たちは学級経営の基本理念としてこの考え方を共有しました。

```
【発展課題】　　みんなに分かってもらおう。
　　たくさんの人とやりとりをして、自分の気持ちを伝える。
```

```
【中心課題】
　友達や教師と関わり、働き掛けを受け止めて、表情の変化、うなずきなどで応えたり自分の要求を表したりすることができる。
```

```
【基礎課題】
○活動の終点が明確で、安心してできる「遊び」の学習を手掛かりに教師とやりとりをする。
○教師と一緒に身体を動かして、一緒に緊張をゆるめる。
○自力排痰ができる。
○安定した呼吸状態を維持する。
```

図　Aさんの課題として

また、私たちは、コミュニケーション活動の向上を育むために①Aさんの意思の表出を受け止め、適切なサインや言葉掛け、意図通りの行動で応答していくこと、②私たちの応答行動は、3名の担当間の情報共有を密にしていくこと、この2点を指導方針としておさえていきました。

（2）自立活動、生活単元学習の学習活動から
　指導方針を踏まえて、Aさんの意思や要求の表出や筆者の解釈や応答の様子等の関わりについて、朝の会と生活単元学習の授業記録から2つのエピソードを紹介します。なお、授業記録では、3名のティーム・ティーチングのため、筆者はT1、他の教師についてはT2、T3と記述しています。

【エピソード1】（朝の会、T3から名前を呼ばれて返事をする活動。4番目に呼ばれる）
　T3は、呼名前に「手を動かして返事してね」とタイミングよく言葉掛けできた。なんとT3の声につられるようにすぐに右肘を支点にして前腕を挙げる。T3うれしい。すぐに「分かりました」の返し。T3大喜び。T1も「手、動かしたの、分かりました、分かったよ」と返す。

　Aさんの上肢の動きと表情の変化を要求の手段として、T3は返事を求める際に上肢を動かすことも求めています。手を動かすこと、返事をする（うなずく）ことがタイミングよくT3の求める表出としてできました。授業記録にはT3が喜んだ様子が記述されています。重要なポイントは、T3がすぐに「分かりました」と応答できたことです。T1（筆者）も「手、動かしたの、分かりました、分かったよ」と念を押すように応答しました。Aさんに対して私たちに伝わったことが実感できるように、手を握りながら「分かりました」と同じ言葉掛けで応えました。3名の教師が関わり方を共有していくことがコミュニケーション活動の高次化を育むためには大切な視点だと考えます。

【エピソード2】（紙版画遊び。できあがった凸版に着色をしていく活動）
　T3は、ローラーを一緒に握り「色塗り、やる？」と言う。口をすぼめる表情。両上肢も伸ばす。T3は「嫌なの？」口が動く。T1「分かりました。ローラーを持っているだけにすれば」T3は「A君、分かりました」と言ってその場を離れる。

　Aさんの上肢の動きと表情の変化を「No」（否定や拒否）の表出として、T3が読み取り、応答しています。教師間で口をすぼめる表情を「拒否」の表出として共有していたので、T1（筆者）とT3は、即座に「No」の表出として読み取り、言葉掛けと無

理強いしない行動で返しました。ただし、拒否の理由は定かではありませんでした。T3も「何が嫌だったのかは分からなかった」と授業後振り返っていました。教師としては、学習活動中なので、否定や拒否を認めることに抵抗がないわけではありませんが、この場面では、この表出をした時は自分の意思に合わせて「僕の先生は止めてくれる」という体験をすることができたと考えています。

3．事例を振り返って

　Aさんとの関わりを通して、筆者が得た学びを記します。

① 重複障害のある子供の意思表出を促し、コミュニケーション活動を向上させていくためには、子供が「伝わる体験」をすることが大切です。関わり手にとっても、この体験が基本であることを学びました。

② 子供の意思表出に対して、教師の思い込みとならないように対応することが大切です。子供の「できた、分かっている」という教師が受け止めた事柄を記録に残し、教師間でその客観性を検討することが重要であると考えます。

③ この事例では、「伝わる体験」を実現するために3名の授業者が同じ言葉掛けをするように徹底しました。この他にも、教室では看護師や教科担任制の場合は特定多数の関係者が、子供と関わります。やはり、指導方針を情報共有するティーム・アプローチの取組が必要になります。

　最後に、図に示した課題からみるAさんの今後について記しておきます。健康面の不安や身体の動きに制約のあるAさんにとって、必ずしも意思表出手段の拡大は容易ではありません。しかし、「伝わる体験」を確実に積み重ねることで、Aさんの生活の質はより高まっていくと考えます。その過程において、これからは、Aさんと教師がお互いに「十分伝わっているよ」という関わりをしていく中で、Aさん自身が「No」の表出に対して、教師からの選択肢を受け止めて、自分で選び、決めて「折り合い」をつける体験も必要になると考えます。また、「みんなに分かってもらおう」を目指して、これからも表現を補償する様々な手段を活用して、Aさんからの発信手段を広げていきたいと考えます。

【引用・参考文献】
岩根章夫（2004）重い障害のある子どもへのコミュニケーション支援－運動障害をともなう子どもを中心に－．兵庫重症心身障害児教育研究集会実行委員会（編）重症児教育．クリエイツかもがわ，323-337．
岩根章夫（2005）コミュニケーションの理屈を考える－重い障害のある人・子どものコミュニケーションを支える観点－．こころリソースブック出版会．

事例20 限られた環境における訪問教育の自立活動とは

 こんな悩みのある方に・・・

悩み9 保護者や医療・福祉等の関係機関と連携して自立活動の個別の指導計画を作成するには、どのようにすればよいのでしょうか。

悩み19 ICT機器や教材・教具を工夫する上で、自立活動の指導の視点からおさえるべきポイントが分かりません。

悩み22 心身の状態が不安定な子供の自立活動の指導は、どのように行えばよいのでしょうか。

悩み29 医療的な配慮が必要な子供の指導は、どのように考えればよいのでしょうか。

 この事例から学んでほしいこと

　訪問教育は、重い障害や病気などの事情により、家庭や病院施設などに教師が直接出向いて授業を行う形態です。訪問教育を受ける理由は様々ですが、とりわけ重度重複障害のある子供に対する訪問教育は、呼吸・体温調節・睡眠・排泄・摂食などの生命維持に関わる根幹の課題とどう向き合うかが求められる場面となります。

 対象の子供の実態

　特別支援学校（肢体不自由）中学部１年生のＡ君は脳性まひです。生活全般は全介助を要しますが、ずりばいや寝返りでの移動ができます。小学部３年生までは通学籍で学習していました（週１日午後のみの短時間・別室登校）が、通学することにより不眠、摂食拒否や排泄困難の様相が強くなってしまい、そのことから、小学部４年生から在宅訪問学級へ転籍しました。通学籍当時の担任や主治医は「自閉的な傾向が強い」「対人恐怖が強い」などとＡ君のことを捉えていました。本事例の対象期間は、Ａ君が小学部４～６年生の３年間です。

1．訪問教育で大切なこと－生命維持機能を守る－

　訪問学級で学ぶ重度重複障害のある子供は、呼吸や睡眠、摂食や排泄などといった生命維持の根幹をなす事柄に指導上の配慮や工夫が複数必要です。A君の場合、訪問学級での担任当初、触れること・歌うことが指導方法として原則禁止されていました。それらにより、歯ぎしりや引き付け笑いが止まらなくなるといった"不快"のサインが頻発し、異常な発汗、連日連夜の不眠、摂食拒否、排泄困難が引き起こされてしまっていたからです。生命維持機能を守るために、A君の感覚の捉え方の特性を細やかに把握することが最重要となりました。

　加えて、精神状態に波があり、授業内で情動調整への配慮が必須でした。その日の状態にもよりますが、活動量が多くなってしまったり精神的負荷がかかりすぎてしまうとハイテンションになり、不眠や体調不良の引き金になってしまうことがあるからです。A君の場合は、適宜カームダウン[*1]の時間を意図的に設けるなどの調整が必須でした。当然のことですが、命を守り心地よい状態で日常生活を送っていけるように指導・支援することは、教育上何よりも重要です。それらに支障が出ている場合は、緩和や解決が指導上の最優先事項になります。

＊1　カームダウン（calm down）　落ち着いて学習に向かえるよう、覚醒レベルをおだやかな状態にすること。

2．実態把握

　A君の自立活動の実態把握の柱として、「A君への触れ方と感じ方の検証」を設定することにしました（表1）。

表1　A君への触れ方と感じ方の検証

現　状	なぜか？	どうしたらよいか？
身体に触られると拒否的な反応が出る。	○触れられると過敏反応が出やすい部分に、指導者が配慮なく触れているかもしれない。 ○身体への取組において本人の意図や努力が軽視され、他動的な取組に終始しているのかもしれない。	○触覚防衛反応の軽減により、拒否的な反応は減るのではないか。 ○「動かされる」のではなく「自ら動かす」主体的な動作体験により、快の身体体験を得られるのではないか。

3．自立活動の指導の実際

【指導目標】
・身体への関わりを受け止めることができる。
・周りに気づき、物や人へ自ら働き掛けることができる。

　指導開始当初、A君との学習のとっかかりになったのは、握手

の場面でした[*2]。「こんにちは」の声掛けに合わせてA君の手を握ると、上体に力が入り握られた手をすぐに引き込もうとしたのです。それらの様子や保護者から聞き取った成育歴も踏まえると、A君に触覚防衛反応があることが明白でした。そこで川上（2008）の実践や木村（2014）を参考にしたタッチングの方法論[*3]を用いて、触覚防衛反応の軽減を目指しました。

　当初は引き込みが強かったので、決して無理強いはしないことを心掛けました。保護者と学習の目的を確認し、身体に触れる学習活動は、原則授業の始まりの挨拶と終わりの挨拶における、握手場面のみに限定することにしました。

　指導回数が重なると、握手の場面で手元をちらっと見る様子がよく見られるようになりました。そこで握手ののち、音が出る教具を手渡す活動を取り入れることにしました。A君は音の出る玩具（マラカスや歌絵本）が好きです。また、口元で手を振る行動がしばしば見られていました。手元にA君の視線が移った時に、振ると音楽が流れる「Kotodama」（写真1）[*4]や、バナナケースにプッシュスイッチを取り付けた「VONANA」（写真2）[*5]などを教具として手渡します。A君はちらっと見た後受け取り、振ったり握りしめたりして音を出すことがすぐにできるようになりました。子供が好む活動や得意な行動を用いた教具を用いることで、無理なく、心地よい関係づくりができるよう配慮しました。

　握手場面でのタッチングの学習と、好みの教具を用いた手元を見る学習を継続していくことで、当初の強い引き込みは徐々に軽減されていき、教師との関係も安定していきました。

写真1「Kotodama」

写真2「VONANA」

　身体に触れることをある程度受け入れてもらえるようになってから、動作法の「腕あげコントロール」「足首のゆるめ」「躯幹部のひねり」を取り入れました。これは身体がゆるむ心地よさという快の体験や、自分で身体を動かせたという主動感を得る目的です[*6]。A君の身体に触れると、じっとする様子が見られました。

[*2] 重度重複障害のある子供とのコミュニケーションは言語によらないことが多いです。身体に触れることは、健康状態の把握や心理面を捉える一助となります。

[*3] 木村順氏により整理された手法です。教材や手を子供の手掌や腕などに押し当てたり、ゆっくりとスライドさせたりしながら、子供の能動的な注意の向け方を育てていきます。

[*4] 「Kotodama」は杉浦徹氏によって開発されました。傾斜スイッチが内蔵され、少し動かすだけでも音再生が可能なため、動作制限のある子供でも無理なく操作ができます。

[*5] 「VONANA」は、太田直樹氏によって開発されたVOCA（P129参照）です。重度重複障害児にとって、持ちやすく操作しやすい、そしてぱっと目をひくデザインです。「Kotodama」もそうですが、安価で手作りができる点も良いところです。

[*6] 人は動作という心理プロセスを様々な形で感じます。その中で、人がたしかに自分で身体を動かしているという実感を「主動感」と呼び、動作法では、この主動感が大切とされています。

動きの最中には「すー」「ふわあ」など動きを言語化したり、動きの終わりには「ピタ…ここで止まるね」などと、動きに合わせたシンプルな言葉を添え、始まりと終わりを明確にしながら取組を積み重ねました。特に、自ら力を抜くことができた時は「そう、いいね」と声掛けをし、肯定的なフィードバックをします。身体を動かす勉強は気持ちがいい・うまくできたといった快の感情や達成感を得て、ハッピーエンドで取組を終わらせることが大切です。半年程度で抱っこ姿勢の受け入れもよくなり、抱っこでの揺れ遊びも成立するようになっていきました。また、担当教師との摂食ができるようになっていったのです[*7]。

指導後半期には、A君から数メートル離れたところに前述のVOCAや、学習で繰り返し使った玩具を並べておくと、そこまで寝返りで取りにいき、好きなものを選択して自発的に取り組むまでになりました。現在は中学部に進学し、現担任とも安定した関係ができています。

[*7] 身体への取組が、対人関係や遊びの広がりにも寄与します。身体へのアプローチ＝自立活動「身体の動き」のみに終始するのではなく、とりわけ重度重複障害児への指導では、各指導内容を相互に関連付けながら学習を計画し評価することが重要です。

4．指導を振り返って

A君の自立活動の授業は、握手のみという、極めて限定的な関わりからのスタートでした。担任して間もなく、「今まで（音や身体接触に対する感覚過敏について）、これくらいなら大丈夫だろうという安易な決めつけが、我が子を苦しめてきたのです」と保護者が話してくれたことが印象に残っています。結果的に、子供がもつ感覚や情動リズムに合わせた関わりを行うことで、力が伸びたというよりも、安心して本来もっている力が発揮できるようになってきたという印象があります。"これくらいなら大丈夫"を決めるのは、教師ではなく子供自身です。授業中子供が感じているだろうことを、的確に代弁してくれる保護者の存在も心強いものでした。

【引用・参考文献】
川上康則（2008）実態把握と授業づくりに役立つ「触覚」のはなし　触覚防衛反応の軽減がボディイメージを高め、"世界"を広げる．飯野順子・授業づくり研究会Ｉ＆Ｍ編著．障害の重い子どもの授業づくりPart2．ジアース教育新社，218-237．
木村順・川上康則・加来慎也・植竹安彦編著（2014）開けばわかる発達方程式　発達支援実践塾．学苑社，18．
長田実・宮崎昭・渡邊涼・田丸秋穂（1999）障害者のための絵でみてわかる動作法はじめの一歩．福村出版．
杉浦徹「信州スイッチラボ」http://blog.livedoor.jp/shinshu_switch_lab/archives/67410825.html（2018年3月現在）
太田直樹「oh！田のoh！特別支援教育」http://blog.livedoor.jp/naoky32/archives/29264691.html（2018年3月現在）

事例21 コミュニケーションの指導を通して摂食機能を高める

こんな悩みのある方に・・・

悩み13 自立活動の指導と各教科等の指導等を、どのように関連付ければよいのでしょうか。

悩み14 障害種によって、指導内容や指導方法は決まっているのでしょうか。

悩み17 あらかじめ決められた指導内容や指導方法がありますが、子供の主体的な学びが実現できているのか不安です。

悩み20 日常生活動作の獲得に向けて、自立活動の指導と日常生活場面を、どのように関連付けて指導すればよいのでしょうか。

この事例から学んでほしいこと

　自立活動の指導では、個別の指導計画を作成することが必要です。個々の子供の実態把握に基づいて、指導すべき課題を明確にし、項目を関連付けて具体的な指導内容を設定します。そして、設定したいくつかの内容について、どの授業(場面)で指導するかを明確にしておくことが必要です。そうすることで、「各教科等との密接な関連を保ち」、「学校の教育活動全体を通じて適切に行う」自立活動の指導の充実につながります。

対象の子供の実態

　脳性まひのAさんは特別支援学校(肢体不自由)小学部1年生です。Aさんは、有意味語の発語が数語ありましたが、構音は不明瞭で、発語器官の運動機能は全体的に緩慢でした。日常のコミュニケーション手段は、身振りサインや指さし、発声、表情が主な手段でした。このような実態から、発語器官の運動機能を高めることと並行して、音声言語の代替コミュニケーション手段の獲得が課題であると考えられました。

1．事例の概要

Aさんの自立活動の中心的な課題は、音声言語の代替コミュニケーション手段を獲得し、人とやりとりする力を高めることでした。また、摂食指導上の課題もありました。摂食と発声・発語は、口唇や舌をはじめとした高度な協調運動が必要であり、摂食機能はプレスピーチとして重要な機能といえます。必要な学習活動を、どの場面（授業）で行うかを整理して個別の指導計画に明記し、指導を進めました。

2．実態把握

言語・コミュニケーションに関する実態把握[*1]では、いくつかの発語がありましたが、構音が不明瞭で聞き取りにくく、発声や指さし、身振りサインが主なコミュニケーション手段でした。舌運動及び口唇や下顎の開閉動作等、発語器官の運動機能は全体的に緩慢で、口唇は安静時も開いていることが多く、涎が観察されました。言語理解面は、日常生活に関連の深い事物名称や動作語の理解は良好でした。語連鎖の理解は、「りんごを食べる」のような〈対象＋動作〉の2語文の理解はできていましたが、他の形式の2語文や、3語文の理解は難しい状況でした。視知覚に関しては、基本的な図形弁別課題では見分けることができましたが、複雑な図形の弁別はできませんでした。

摂食機能に関する実態把握[*2]では、右手にスプーンを持ち、普通食を食べていました。しかし、処理時の口唇閉鎖が不十分で、口から食べ物が出てしまうことが多く見られました。また、舌の側方運動があまり見られず、咀嚼が不十分でした。

3．指導の実際

（1）指導目標

上記の実態と、保護者の「ひらがなが読めるようになってほしい」「自分の気持ちを相手に伝えられるようになってほしい」という要望を踏まえ、以下の指導目標を設定しました。

① 語彙の拡充、2〜3語連鎖の理解を図る。
② コミュニケーションブックを使用したやりとりや、身振りサインによる表現力を高める。
③ 文字形の弁別等、視覚認知の向上を図る。
④ 発語器官の運動機能を高める。
⑤ 処理時に口唇を閉鎖し、口からこぼさないで食べる。

[*1] 言語・コミュニケーションに関する実態把握は、言語理解と言語表出の側面に加えて、人とのやりとり等の対人関係に関する側面の評価、さらに関連する認知発達やAACを検討する場合に必要となる運動機能の評価も必要です。詳細は、吉川（2017）等を参照してください。

[*2] 摂食機能の評価は、食べる機能の発達段階を評価して、指導目標を設定します。嚥下（誤嚥）、口唇閉鎖や舌運動だけでなく、姿勢・運動や呼吸、過敏の有無など、多岐にわたります（金子・向井・尾本（1987）P114-149参照）。指導に当たっては、専門家との連携が必要です。

（2）指導内容

下表に、指導目標に対応した具体的な指導内容を示します。

指導目標	指導内容
①	○日常生活に関連のある語彙を中心に、写真や絵カードレベルでの選択を行う。 ○単語レベルから、いろいろな形式の2語文形式の絵カードの選択を行う。 ○色名や多少、長短等の属性の異なる絵カードの見本合わせや分類を行う。
②	○身振りサインの模倣、自発的な表出を行う。 ○コミュニケーションブックを用いた質問ー応答のやりとりを行う。
③	○事物はめ板や基本図形の型はめ、文字形の見本合わせ、絵と文字単語の結合を行う。
④	○ランゲージパル等を用いた音遊びの中で、音声模倣を行う。 ○舌、口唇、下顎の運動機能を高めるためのCSSB訓練[*3]、筋刺激訓練[*4]を行う。
⑤	○呼吸と発声の調節を図るための発声持続、補助呼吸を行う。

これらの指導内容について、自立活動担当教師と担任とで協議し、具体的な指導方法と、指導場面を整理しました。

（3）指導の実際

① 自立活動の時間の取組

身振りサインの学習は、マカトンサイン[*5]をベースとして、日常生活で使用頻度の高い語彙を選定しました。①教師の示す身振りサインの模倣、②サインと対応する絵カードを選択、③絵カードを見てサインを表出、という順序で指導を進めました。

コミュニケーションブックは、カテゴリー（人、場所、食べ物、乗物、授業等）ごとに写真や絵、シンボルを用いてページを作成しました。質問に対する応答は、適切な写真等をポインティングで答えることができました。

音声言語表出に関する指導は、カードを通すと録音された音声が再生される機器を用いて、単語レベルの音声模倣を中心に取り組みました。音の数だけマグネットを並べて示すことで、音節数を意識しながら声を出す様子が見られました。口唇音の練習では、鏡を見ながら母音の口形をしっかり作ることを意識させ、口唇を閉じてから発音することで、「パン」「バス」等、それらしく聞き取れることばも増えてきました。

理解面の学習は、大小や基本的な色名の理解が進むと、「赤いぼうし」のような形式の2語文理解が確実になりました。文字形の弁別は、「め」と「ね」、「は」と「ほ」のような似た形の文字の弁別は誤答が目立つ状況でしたが、事物はめ板や、基本図形の型はめは確実にできるようになりました。

[*3] CSSBは、chewing（噛む）、sucking（吸う）、swallowing（飲む）、blowing（吹く）の頭文字を並べたものです。摂食と構音は同じ器官（口唇、舌、下顎、頬など）を使って行われる協調運動です。そのため、これらの口腔器官の運動機能を高めるためにCSSBトレーニングを行う場合があります。

[*4] 筋刺激訓練は、デンマークのバンゲード小児病院で開発された筋刺激訓練法。バンゲード方式Ⅰは、口唇、舌、頬の各筋肉群を個別に刺激して吸啜、嚥下、咀嚼のパターンを改善することを目的としています。バンゲード方式Ⅱは、筋肉群を総合的に刺激し、言語発声のパターンを改善することも目的としています。

[*5] マカトン法は、言語やコミュニケーションに問題のある子供のために、英国で開発された言語指導法です。音声言語・動作によるサイン・線画シンボルの3つのコミュニケーション様式を同時に用いることを基本とします（日本マカトン協会 http://makaton.jp/）。

② 自立活動の時間以外での取組

朝の会（日常生活の指導）では、学習したサインをクラスの先生や友達に教える「Aさんのサインコーナー」を設け、サインを共有できるようにしました。休み時間に「お花、本、見る」（お花の図鑑が見たい）と、3つのサインを表出して3語文の内容を伝えたり、日常生活場面で使用したりすることが増えました。

音楽の授業では、器楽の活動時に、呼気のコントロールや口腔器官の運動機能を高めることも考慮し、鍵盤ハーモニカを使用しました。はじめのうちは吹く時に涎が出てしまうことが多く見られましたが、徐々に少なくなってきました。また、吹く時に意識しながら強弱をつけることもできるようになってきました。

給食の前には、口唇訓練[*6]と頬訓練[*7]を行いました。また、学級での水分補給の時間に咀嚼訓練[*8]を行いました。給食時は、時間を決めて介助食べを行い、処理時の口唇閉鎖を意識させるように取り組みました。

③ 家庭との連携

家庭との連携では、主にコミュニケーションブックを用いたやりとりを日課としました。「誰と給食を一緒に食べた？」「どの授業が楽しかった？」等の簡単な学校での出来事を質問し、Aさんが写真やシンボルを指さして答えるといったやりとりをしてもらいました。当初は質問に対して答えるための手段でしたが、帰宅してから近所のスーパーの写真を指さして「買い物に行きたい」ことを伝える等、要求を伝えるための手段としても、コミュニケーションブックを使用することが増えてきました。

4．事例を振り返って

自立活動の指導は、「学校の教育活動全体を通じて適切に行うもの」であり、自立活動の指導の時間と、他の教科等との関連を明確にして指導を行う必要があります。具体的には、個別の指導計画を作成する段階で、個々の子供に必要な学習内容を、どの授業で扱うのかといった、授業への振り分けを行うことが必要になります。本事例では、必要な指導内容を検討して、自立活動と各教科等の個別の指導計画に明確に位置付け、担任と自立活動担当教師、家庭と連携して指導を行いました。その結果、コミュニケーションと食べる機能の発達が促されたと考えます。

[*6] 口唇をつまんで口輪筋を筋繊維の走行に対して直角に縮める等、バンゲード方式Ⅰに基づいて行いました。

[*7] 人差し指を頬の内側に入れて外側にふくらます、人差し指と親指でもみほぐす等、バンゲード方式Ⅰに基づいて行いました。

[*8] 本事例では、グミをガーゼに包んで教師がAさんの小臼歯の上に置き、下顎の介助をしながらリズミカルに上下運動を行うようにしました。

【引用・参考文献】
金子芳洋編著　金子芳洋・向井美惠・尾本和彦(1987)食べる機能の障害—その考え方とリハビリテーション—．医歯薬出版．
吉川知夫（2017）初期コミュニケーションの評価—コミュニケーション指導の基礎知識2—．肢体不自由教育第231号，50-53．日本肢体不自由児協会．

事例 22 就学前の教育相談を自立活動の視点でつなぐ

こんな悩みのある方に・・・

悩み 9
保護者や医療・福祉等の関係機関と連携して自立活動の個別の指導計画を作成するには、どのようにすればよいのでしょうか。

悩み 19
ICT機器や教材・教具を工夫する上で、自立活動の指導の視点からおさえるべきポイントが分かりません。

悩み 30
教育相談や地域支援の際に、自立活動の視点をどのように生かせばよいのでしょうか。

この事例から学んでほしいこと

　肢体不自由のある幼児に対して、今ある力で操作可能なスイッチを試作しました。結果として、積極的に環境に働き掛けることができるようになりました。スイッチを検討する過程では、作業療法士と協働し、手指の動きにも留意しながら、動かしやすいスイッチの形状及び設定方法を検討しました。一つのスイッチでも、「参加」をキーワードにすれば、教科学習、特別活動等、教科・領域の如何を問わず、活動のアイデアが見つかるでしょう。

対象の子供の実態

　Aさんは6歳です。ウェルドニヒホフマン症候群のために手足の動きが少ない状態です。日常的なコミュニケーション方法は、Aさんの表情の変化またはわずかな発声等から、関わり手が意思を読み取る形式でした。そのため、Aさんとのコミュニケーションは、家族等特定の人に限定されたものでした。小学校入学を前に、もっと主体的に相互的なコミュニケーションを図れる方法があれば、さらに多くの友達と関わることができるのではないかと思われました。本事例は、自立活動の視点で就学前の教育相談から入学後の指導につなげていった事例です。

1．Aさんの世界を知る

　コミュニケーション支援の方法の検討を始めるに当たっては、まず対象児の動きや生活環境、人や物とのコミュニケーションの実態をよく観察することが大事です。例えば、スイッチの操作を検討する際、必ずしも誰もが手で操作するとは限りません。スイッチを操作するには随意に動かせる身体部位ならどこでもよいのです。まさしくAAC[*1]の考え方そのものです。また、活動や場面によって、姿勢や身体部位の自由度も変化するので、状況に応じて異なる方策を検討することも必要です。このような時、作業療法士や理学療法士といった外部専門家の意見がとても参考になります[*2]。

　また、対象児が家庭ではどういう姿勢でいることが多いのか、リラックスしている姿勢はどのようなものか等、実際に時間や活動を共にすることで知る必要があります。ベッドでの生活が中心の場合は、実際にどんな世界を見ながら生活しているか、実際に支援する人も同じ姿勢で寝てみることで、支援の方向性が見えることもあるかもしれません。

　いくつかの観察や周囲からの聞き取りから、Aさんについて以下のようなことが分かりました。

① 家庭での主な姿勢：仰臥位または側臥位でいる状態が多い。バギー、座位保持いすにも座ることはできる。
② 視覚：自分の前に立つ人の顔を注視することができる。タブレット端末上の画像の変化等にも気づき、注視することができる。
③ 聴覚：タブレット端末の電子音やテレビの音、周囲にいる人からの話し掛けに対して、声を出したり、表情を変えたりする。
④ 身体機能：右肘関節の屈曲が見られた。また、右手関節の屈曲、左右手指の屈曲（左より右の方が動きが大きい）を示すことが分かった。
⑤ コミュニケーション：周囲からの話し言葉による関わりに対して、Aさんの反応、眉間に力を入れる等によって生じる表情の変化または発声等を会話や状況の文脈から、Yes/No形式での質問（例えば「○○するの？しないの？」と反復して質問）を提示し、それに対するAさんの表情や声の変化から判断していた。

2．実態把握と支援の方向性

　Aさんは、表情の変化や声によって自らの感情や意思を外界に

[*1] Augmentative and Alternative Communicationの略。補助代替コミュニケーション。基本的な定義は、中邑（2014）によれば、「手段にこだわらず、その人に残された能力とテクノロジーの力で自分の意思を相手に伝えること」。

[*2] 外部専門家との連携・協力については、特別支援学校幼稚部教育要領及び特別支援学校学習指導要領の自立活動の個別の指導計画の作成と内容の取扱いに関する事項に、次のように示されています。「必要に応じて、専門の医師及びその他の専門家の指導・助言を求めるなどして、適切な指導ができるようにするものとする。」

向けて発していることが分かりました。しかし、先に述べたように、基本的なやりとりはAさんからではなく、他者からの問い掛けや働き掛けへの応答という形態が主でした。Aさんから周囲の人や物とコミュニケーションを開始する手段が必要であると思われました。

そこで、Aさんが自発的に動かすことができる身体の動きを使って稼働できるスイッチを検討することにしました。

3．スイッチの試作

この就学前の教育相談を受ける前からAさんに関わってきた作業療法士から、Aさんの手の動きや身体の状況等情報を得て、Aさんが動かしやすいスイッチを一緒に検討しました。Aさんは右手首または右手手指の動きが随意、かつ高頻度で表出可能であり、スイッチ操作に適した身体部位ではないかという仮説が生まれました。

この動きは、仰臥位以外の場面でも見られることが分かりました。バギーに座っているAさんの手の動きを観察していた際、右肘の動きから連動して生じる右手首、右手手指の動きが見られたのです。右手の動きはAさんの身体の外側から内側に向かって、右手をスライドさせるものでした。そして、ほぼAさんの身体の正中に位置している、呼吸用のチューブに右掌の親指側を当てる動きが繰り返し見られました。この動きをスイッチ操作に活用することにしました。

まず手始めとして、Aさんが仰臥位の姿勢で一般的なフレキシブルスイッチやジェリービーンズスイッチを試行しました。しかし、それらのスイッチでは、Aさんの動きをピックアップすることができませんでした。そこで、わずかな動きを感作するマイクロスイッチ[*3]を3個並列に配置、接続し、いずれに触れてもスイッチがオンになるスイッチを試作しました。また、スイッチの位置や方向を細かに調整できるように、スイッチを球状のスチロールに内蔵し、マジックテープで固定できるようにしました（図1）。

図1　ボールスイッチ

*3　マイクロスイッチ
（オムロン社製 SS-5GL2-F）

4．スイッチの試行

Aさんは試行を重ねる中でスイッチを右手の動きによって操作できるようになってきました。振動するおもちゃや回転するおも

ちゃを動かしたり、止めたりすることができるようになったのです。また作業療法士や筆者の言葉による指示、例えば「Aさん、おもちゃ動かして」「おもちゃ、止めて」のような言葉掛けに対応して操作することもできるようになりました（図2）。

筆者による試行は限られた時間だけでしたが、それ以外にも、家族によって日常的な生活場面でスイッチは使用されました。余暇活動としてもおもちゃを操作して楽しむことができたようです。また、VOCA[*4]にスイッチを接続しておくことで、操作によって音声を再生させ、母親を自らの近くに呼ぶことができました。また、異なる姿勢でもスイッチを活用することができました。通院の際、バギーに乗った姿勢でVOCAを操作し、挨拶することができました（図3）。

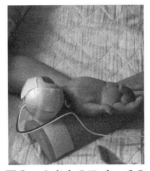

図2　Aさんのスイッチの稼働の様子

図3　マイクロスイッチ

[*4] Voice Output Communication Aids（音声によるコミュニケーションエイド）の略。通称「ボカ」。音声でコミュニケーションできない人が、合成音声などによる機械の音声を使って相手に意思を伝えるコミュニケーション補助具のこと。音声出力の方式は、機械的に音声を合成するタイプと、周りにいる人の音声メッセージを録音するタイプがあります（徳永，2008）。

5．指導を振り返って

Aさんは小学校特別支援学級に入学してからも、朝の会や集会等でVOCAを使って挨拶をしたり、通常の学級での国語の音読では担当する部分をあらかじめ録音したものをスイッチで再生したりして、授業に参加しています。さらに外部専門家の助言を受けながらタブレット端末を使った学習にもチャレンジしています。

わずか一つのスイッチでも、学習活動に参画する方法はたくさんあります。活動を細分化し、興味・関心や人とつながるポイントを探し出すことで、その子供が人やものとコミュニケーションを図る機会をプロデュースすることができるでしょう。

※ 本稿は、杉浦徹（2016）「肢体不自由のある子供達のための教材開発（2）マイクロスイッチを活用した入力システムの開発」（長野大学紀要第38巻第1・2号）を再編集したものです。

【引用・参考文献】
徳永豊(2008)用語説明．日本肢体不自由教育研究会監修．コミュニケーションの支援と授業づくり．慶應義塾大学出版局，226．
中邑賢龍（2014）AACとは何か？．AC入門．こころリソースブック，10．
文部科学省（2018）特別支援学校教育要領・学習指導要領解説自立活動編．

事例 23 盲ろうの子供のコミュニケーションを豊かにする

こんな悩みのある方に・・・

悩み 14 障害種によって、指導内容や指導方法は決まっているのでしょうか。

悩み 15 自立活動の指導に当たって、どのように発達の道筋をおさえればよいのでしょうか。

悩み 18 重度重複障害の子供の実態把握を行う際に、何を手掛かりに行えばよいのでしょうか。

悩み 22 心身の状態が不安定な子供の自立活動の指導は、どのように行えばよいのでしょうか。

この事例から学んでほしいこと

盲ろうとは、視覚と聴覚からの情報が入らない、もしくは入りにくいという情報の極端な制限により、人及び環境との相互交渉に著しい制限が課せられる障害です。声や音、光も届かない、届きにくい世界の中にいる盲ろうの子供にとって、人の存在こそが外の世界につながる窓口です。安心できる関係をつくり、積極的に子供の感情を受け止め、感情を伝え、「楽しい」「悔しい」といった感情を共有していくことが大切です。

対象の子供の実態

知的障害を併せ有する盲ろうのAさんは、特別支援学校（知的障害）中学部2年生です。視覚と聴覚からの情報がほとんど入らない中で、得られる情報は非常に限られているため、周囲の状況を理解することに困難があります。日常的に関わる教師とは、身振りサインやオブジェクトキュー（活動をイメージする具体物）を用いた簡単なやりとりができるので、感情の共有を含めてコミュニケーションを拡げていくことが、豊かな学校生活につながっていくと考えられます。

1．盲ろうという障害がもたらす困難性

　私たちはほとんどの情報を視覚と聴覚から得ています。しかも、何気なく目や耳に飛び込んでくる大量で広範囲の鮮明な情報を適宜得ることができますが、盲ろう[*1]の子供は、その大部分を得られません。盲ろうの子供が得られる情報は、直接触れるか、保有する視覚と聴覚で把握できる限られた範囲にある不鮮明な情報に限られます。

　情報入手に困難さがある盲ろうの子供は、概念の形成自体が困難であり、言語を獲得するまでには、多くの時間と学習の段階が必要です。また、盲ろうの子供のコミュニケーションは一対一が基本[*2]であり、時間もかかるため、コミュニケーションの量が圧倒的に少なくなってしまいます。

2．実態把握

　視覚と聴覚の両方に障害を有する先天性の盲ろうの生徒です。視覚障害については、測定ができませんが、晴れた日に屋外に出た時にまぶしがる様子が見られるなど、行動観察で光覚が認められるものの、物に目を近づけて見ようとする様子は見られません。また、聴覚障害については、100デシベル（dB）の音に無反応との結果で、日常生活の中でも音や声に反応する様子は見られません。補聴器はAさんが外してしまうため、日常的な装用は難しい状態です。

　家族や教師とのやりとりは、これから行う活動と直接関係のある身体の部位を使っての身振りサイン[*3]やオブジェクトキュー[*4]を用いた簡単なやりとりであり、「やりたい」「いや」「お願い」「もっとやりたい」「無理」など、Aさんの思いや要求、教師の思いや要求、提案が中心でした。盲ろうの子供にとって最も伝わりにくい情報の一つとして、周囲の人の感情が挙げられますが、Aさんにとっても「うれしい」「かなしい」「くやしい」といった感情を周囲の人と共有することは非常に難しいことでした。

　そこで、感情を表すサインについて、活動の中でAさんの表情や様子を読み取りながら、なるべくその場面で理由と合わせて繰り返しやりとりすることで、活動の共有に合わせて、感情の共有・共感が深まり、双方向のコミュニケーションが充実するのではないかと考えました。

[*1] 視覚と聴覚の両方に障害を有する状態を「盲ろう」といいますが、その障害の状態や程度は様々です。見え方と聞こえ方の組合せによって、「全盲ろう」「全盲難聴」「弱視ろう」「弱視難聴」という4つのタイプに大別されます。

[*2] 視覚情報、聴覚情報が届かない、あるいは届きにくい盲ろうの子供のコミュニケーション手段は、手話に触って判読する「触手話」や身振りサインなど、一人一人異なりますが、一対一でのコミュニケーションが基本となります。

[*3] 例えば、両腕を曲げて前後に動かすブランコを漕ぐ動作を「ブランコ」の身振りサインとするなど、日常の何気ない動きをもとにした身振りサインを受信や発信のコミュニケーション手段として活用することがあります。

[*4] 子供に分かる方法で情報を提示する一例として、オブジェクトキュー（実物やその一部で活動をイメージし、手掛かりとする具体物）の活用が挙げられます。実物、実物の一部といったかなり具体的な物から抽象的な物まで、子供に応じて考えていくことが大切です。

シーツのブランコの一例

3．指導の実際
（1）エピソード1

　Aさんと活動を共有する中で、本人は様々な思いを表情や声、動作で表しています。「自作のおもちゃ」を作り上げ、自分のイメージ通りにできた時には、満足気な表情で声を出しながらそのおもちゃで遊び、余韻に浸っている様子が見られます。その時、共に活動している教師は、Aさんの表情や様子からその思いを読み取り、「うまくできて『うれしい』ね」や「『楽しい』ね」とAさんへ感情のサインを用いてフィードバックをしました。

　はじめは、遊んでいる途中に肩をトントンと叩いて呼び掛けられ、サインで『うれしい』や『楽しい』と伝えられても、サインの意味も含めてよく分からなかったAさんでした。しかし、様々な場面でまさにその瞬間[*5]に、その表情や様子に合わせてこれらのサインを使って、感情をAさん自身へフィードバックすることで、次第に「楽しい」のサインに合わせてAさんの表情や声がさらに楽しそうになったり、さらに大きな声で笑ったりするなどの様子が見られるようになりました。

　さらに、「『Aさんは楽しい』んだね。『先生も楽しいよ』」と教師がAさんの思いに共感していることをサインで伝えるようにしました。これまで一人で満足そうに自作のおもちゃで遊んだり、余韻に浸ったりしていたAさんが、教師の手をとって教師と一緒に自分の胸をトントンと触る『分かった』のサインをやるなど、教師と思いや感情を共感していると思われる様子が見られるようになりました。

　また、「自作のおもちゃ」を作って遊んでいる時には、いつも自分のイメージ通りにできるとは限らず、失敗を繰り返すことも多く、その際に自分の思い通りにいかないことでイライラしたり、突然爆発したように怒って物に当たったり、壊してしまったりするなどの様子が見られました。そこで、「うれしい」「楽しい」のサインとともに、うまくいかない時や、失敗してしまった時には、「くやしい」や「残念！」といったサインも使って「失敗して『残念！』『くやしい』よね。『先生も分かるよ』」と繰り返し、Aさんへフィードバックするようにしました。

（2）エピソード2

　Aさんが、ゴムひもを何本もつないで長くし、引いたりゆるめたりしてゴムの張力を楽しんでいた時に、ゴムひもが切れて自分の身体に当たるという出来事がありました。突然の痛みに驚き、一瞬動きが止まったかと思うと、痛みに対するやり場のない思い

[*5] その場でその時に、感情を伝えることが大切です。転んだら、「痛いね」とその時に「痛い」を伝えることによって、体験と結びついて、「痛い」という概念を教えることができます。

を「怒り」という感情で教師にぶつけてきました。

　Aさんの思いに対して、教師は「当たって『痛かった』ね。分かったよ、分かったよ」と何度もAさんの身体をさすりながら「痛い」というサインを使ってAさんの痛みを慰めるように伝えました。そして、「なんで？自分がこのような目にあうんだ」と言わんばかりの怒った表情のAさんに対して、「Aさんは『怒ってる』んだね。このゴムひもが切れて当たったんだよ」と、感情を受け止めながら、何とかその理由を伝えようとしました。

　Aさんにとって、初めての経験の中で、自分の想像にないことが突然起こり、さらにそこに痛みが伴ったため、驚きとともにやり場のない思いが「怒り」となり、教師に「怒り」をぶつけてきました。サインを使いながら「Aさんは痛くて、『怒ってる』んだね。分かったよ」とフィードバックしました。そして、繰り返し伝えていく中で、徐々にAさんの痛みと『怒り』の感情は収まっていきました。

　また、Aさんと活動を共にしている中で、教師が物に接触することもあります。その状況についてAさんが直接自分で把握することは難しいのですが、その都度、Aさんに、「これが先生に当たって、先生は『痛い』」とサインに動きの強弱をつけながら教師の「痛い」という思いを伝えました。「痛い」ということに限らず、Aさんにとって自分以外の人の状況や思い、感情を知らせるということも大切なことだと考えました。

4．事例を振り返って

　活動や体験を積み重ね、自分なりに工夫を重ねながらじっくりと自分が納得するまで取り組もうとするAさんの様子を見ながら、教師はAさんの様々な感情や思いをサインでフィードバックし、Aさんの感情や思いに共感して教師の感情や思いも伝えてきました。これらのやりとりの充実は、Aさんにとって、自分の思いが相手に伝わっているという実感を通して、自分の感情や思いに向き合い、受け止め、そして、活動を共有している教師の感情や思いを知り、受け止めることへつながってきました。

　さらに、活動の共有を通した感情や思いの共有・共感は、Aさんとの信頼関係の深まりへとつながったと思われます。そして、Aさんとのやりとりの充実につながる大切な要素であったと考えています。

事例 24 吃音に悩む子供の支援体制づくりと通級担当教師の役割

こんな悩みのある方に・・・

悩み 9 保護者や医療・福祉等の関係機関と連携して自立活動の個別の指導計画を作成するには、どのようにすればよいのでしょうか。

悩み 23 通級による指導を在籍学級の指導に生かすには、どのようにすればよいのでしょうか。

悩み 26 通級による指導における効果的な指導は、どのように考えればよいのでしょうか。

悩み 30 教育相談や地域支援の際に、自立活動の視点をどのように生かせばよいのでしょうか。

この事例から学んでほしいこと

通級による指導の目標は、通級による指導を受けている児童（以下、通級児童）が、学校生活において安定・安心して学校生活を送ることができるように指導、支援することです。そのためには、学校や家庭では、どのような様子なのか学級担任や保護者と常に情報交換し、支援が必要な時に情報をあげてもらうことができる連携の体制づくりが必要です。それでも、学校生活への適応が困難になった時は、通級児童及び保護者、在籍学級担任を含め、通級児童の指導に関わる関係者全員で状況を把握し、支援していく体制づくりを進めていくことも通級担当教師の大事な役割だと考えます。

対象の子供の実態

通級児童は、発達段階や自分の吃音をどう受け止めるかによって様々な困難に出合います。音読で「上手に読めない」と感じ、話すことへの自信をなくすことがあります。また、吃音をからかわれたことを悩み、登校渋りにつながることもあります。このような悩みが生じた時、通級担当教師は、保護者と在籍学級担任と連携し、支援体制をつくっていきます。

1．通級児童の実態や悩みを共有し、適切な支援につなぐためには？

　一人一人の吃音の状態は様々です。緊張する場で吃音が多く出る子供もいれば、緊張する場の方が、吃音が出ないという子供もいます。子供一人一人の吃音の状態や基本的な支援方法や配慮を在籍学級担任や保護者と共有するために、「個別の指導計画」*1 を作成します。

　また、通級児童が吃音からくる悩みが生じた時は、通級による指導の場において、通級児童及び保護者から悩みを聞き取り、一緒に解決方法を探っていきます。その上で、在籍学級担任等と通級による指導の場で知り得た通級児童の実態や悩みを共有し、学校での具体的な指導・支援について指導・助言を行い、学校全体での支援体制づくりをサポートしていきます。

2．子供を支援する連携及び体制づくりの実際

（1）関係者の協働による「個別の指導計画」の作成

　通級児童が生活し、学習する場で適切な支援が提供されるためには、学級担任及び保護者と協働で個別の指導計画を作成することが大切です。個別の指導計画には、通級による指導の目標*2、指導方法と併せて、在籍学級及び学校と家庭における目標や指導方法、配慮等も記述し、実践、評価していくことが重要です。

＜通級指導における個別の指導計画作成の流れ＞

段階	手続き	配慮すること
実態把握	① 通級児童の家庭、学校、通級での情報を観察や聞き取り、在籍校訪問等により、収集する。 ② 情報を整理し、その子供の課題を関係者で共有する*3。	・前年度の記録や療育機関等からの情報もできる限り収集する。
目標及び指導内容等の設定	③ 課題を整理し、通級・学級・家庭における目標を設定する。 ④ 目標の達成のために、身に付けさせたい内容や方法を設定する。	・適切な目標となるよう助言する。
実　践	⑤ 作成した個別の指導計画を在籍校に送付し、全職員に基本的な対応や配慮することを周知してもらう。 ⑥ 実践を通し新たに気づいた実態や課題は、その都度、連絡帳や電話等で情報交換する。	・特別支援教育コーディネーターと連携する。 ・必要に応じて支援会議を設定する。
評　価	⑦ 学期末、学年末に在籍学級担任及び保護者と評価し、成果と課題を明らかにする。	・通級児童による自己評価も必ず行う。

*1　平成29年に告示された小・中学校の学習指導要領、平成30年に告示された高等学校学習指導要領総則に、通級による指導を受けている児童生徒については個別の指導計画の作成が義務付けられました。

*2　通級による指導は、自立活動を参考にして行うこととされています。特別支援学校小学部・中学部学習指導要領において自立活動の目標は、「個々の児童又は生徒が自立を目指し、障害による学習上又は生活上の困難を主体的に改善・克服するために必要な知識、技能、態度及び習慣を養い、もって心身の調和的発達の基盤を培う」とされています。

*3　通級児童の情報の共通点や関係を整理することで、子供の実態が共有化され、「どんな力を育てたいか」という課題も共有化されやすくなります。

個別の指導計画の作成に当たっては、保護者及び在籍学級担任に対し「作成の手順を具体的に伝える」「年間の作成及び評価計画を事前に伝える」等、配慮していくことが大切です[*4]。

（2）学級担任との連携による支援体制づくり

　音読について、以下のような悩みが生じることがあります。

> ○ 学校では：音読も、いつもと変わらず行っている。特に心配な様子はない。
> ○ 家庭では：音読の宿題をやりたがらない。
> ○ 通級による指導の場では：「最初の言葉が出てこない。一人で音読する時、すごくドキドキする」と語る。

　低学年等、在籍学級担任に自分から相談することがまだ難しい子供については、以下のように指導・支援を行います。

① 通級による指導の場で、音読の時にどんな吃音の状態になり、どんな気持になるのか、先生や友達の反応やどんな支援をしてほしいのか等、通級児童の思いを聞き取る。
② 一緒に音読をし、どんなところでどんな吃音が出て苦しいのか実態を把握し、本人の音読への困難さが和らぐような音読方法を試す[*5]。その中で「一緒に読む」等、一番安心できる読み方を確かめる。
③ 在籍学級担任に、通級児童が音読に悩みを抱えていること、通級指導の場では「一緒に読む」等が安心につながることを伝え、学級でも一人ではなく「友達や先生と一緒に読む」方法を提案し、通級児童と直接どのような音読の仕方にしていくか相談してほしいと依頼する。
④ 音読の困難さが和らぐまで、通級による指導の場で通級児童の音読への思いを確認し、在籍学級担任と情報交換し、必要な支援や指導方法を提案する[*6]。

　実際の指導に際しては、常に通級児童の思いを確認します。自分でできそうなこと、保護者や通級担当教師、在籍学級担任にしてほしいことや分かってほしいことを毎回聞き取り、担任への相談の仕方を指導・支援していきます。その結果、在籍学級担任からの「困っていることはないかな」の声掛けで、自分でも吃音に関わる悩みを相談することができるようになっていきます。

　家庭においても、通級による指導の場で行った音読方法を家庭でも試してもらい、また、時には保護者の音読を聞くだけでもよいことを提案します。保護者と一緒に物語を楽しむことを大切にすることで、音読への困難さが和らいでいきます。

[*4] 個別の指導計画作成の経験のない在籍学級担任が主体的に作成に当たることができるように通級児童の在籍校の作成システムなども十分に理解した上で、具体的に助言していくことも通級担当教師の重要な役割です。

[*5] 一緒に読む、通級担当教師が少し後から読む、交互に読む、リズムを取りながら読む等を行います。

[*6] 情報交換に当たっては、個人情報の取り扱いに十分注意します。また、連絡する時間や方法（電話、メール、連絡ノート等）も在籍学級担任にとって無理が生じないように配慮することも大切です。

（3）学校及び他機関との連携による支援体制づくり

登校渋りにつながる悩みも生じることがあります。

○ 学校では：元気がない。
○ 家庭では：学校に行きたがらない。上級生に吃音のことを言われたらしい。
○ 通級では：掃除の時に、上級生に「変な話し方」と言われた[*7]。

このように学級以外の場での悩みや、不登校等学校生活への不適応につながる可能性が出てきた場合は、全校体制による支援が必要です。そのために、まずは、通級による指導の場で、通級児童の不安な気持ちを受け止め、どのように解決をしていくかを一緒に考え、その上で、以下の支援を行います。

① 保護者、学級担任に本人の思いを伝えるとともに、家庭や学校での様子を聞き、事実関係を確かめ、どのような指導・支援が必要か検討していただくよう依頼する[*8]。
② 吃音についての理解を深め、学校全体での支援が必要と考えた在籍校から特別支援教育コーディネーターを通して支援会議に同席してほしいとの依頼があった場合は、保護者と共に支援会議に出席する。支援会議では、通級児童の吃音の実態や吃音への思い等を伝え、必要だと思われる指導及び支援、配慮[*9]を伝え、検討してもらう。

学校の全教職員で、通級児童の悩みや具体的な対応を共有し、指導・支援を行うことができる体制ができ、通級児童が安心して学校生活を送ることができるまで支援していきます。

3．支援体制づくりを振り返って

通級担当教師の一番重要な指導は、吃音のある子供が自身の悩みを自分で解決していく力を育んでいくことです。そのために通級の場による指導においては、吃音に対する正しい知識を身に付け、吃音を肯定的に受け止め、困難な状況を自分で解決していこうとする態度を育てる指導を行っていきます。通級による指導で身に付けた知識、技能、態度を学級や学校でも生かして通級児童自らが、学習や生活上の困難さを主体的に解決していくことができるよう、在籍学級担任及び在籍校と連携し、支援体制を整えていくことが、通級担当教師の大切な役割であると考えます。

【引用・参考文献】
安藤隆男編著（2001）自立活動における個別の指導計画の理念と実践．川島書店．

[*7] 学年が上がり、活動範囲が広がると、通級児童の吃音について理解してもらう範囲も広がります。縦割り班、他学年の子供、児童クラブ、社会体育等でも、通級児童への支援や配慮を保護者自身が伝えられるように保護者への助言・支援も必要になります。

[*8] 学校での指導・支援に当たっては、通級児童が納得した形で行っていただけるよう必ず確認します。また、通級児童自身が担任に相談できるよう支援していきます。

[*9] 提案した支援方法は、①上級生に通級児童の吃音についてどのように話したらよいか具体的な言い方、②掃除担当者の継続的な見守りと通級児童が相談できる関係づくりを行ってもらうこと等です。

事例 25 言語通級担当教師の専門性を確保するために

こんな悩みのある方に・・・

悩み 8 複数の教職員と連携して自立活動の個別の指導計画を作成するには、どのようにすればよいのでしょうか。

悩み 9 保護者や医療・福祉等の関係機関と連携して自立活動の個別の指導計画を作成するには、どのようにすればよいのでしょうか。

悩み 23 通級による指導を在籍学級の指導に生かすには、どのようにすればよいのでしょうか。

悩み 24 自立活動の指導に関する校内研修は、どのように企画・実施すればよいのでしょうか。

この事例から学んでほしいこと

　通級による指導を行うために特別の教育課程を編成する際は、特別支援学校学習指導要領の自立活動の内容を参考とすることになっています。そのため、通級担当教師には、自立活動の指導に関する専門性が求められます。しかし、研修の機会は少なく、自立活動の理念をいかに学ぶかが課題となっています。ここでは、筆者が実施している通級担当教師の専門性向上支援の一部を紹介し、自立活動の専門性をどのように確保したらよいかについて、言語障害通級指導教室を例に考えたいと思います。

学校現場の実態

　通級による指導を受けている児童生徒数のうち、最も多いのが言語障害であり、全体の34.5％を占めています。近年では、ADHDや学習障害等の発達障害を併せ有する子供たちの通級が増えており、これまでのように構音障害や吃音の改善を目的とした指導を行ってもなかなか成果がみられないといった不安が、報告されるようになっています（全国公立学校難聴・言語障害教育研究協議会 2018）。自立活動の理念に基づいて指導を実施していくことのできる専門性が、今まさに求められていると考えられます。

1．通級担当教師の専門性向上に対する支援

　筆者が、地域の通級担当教師の専門性向上をサポートする機会は、2つあります。一つは、言語障害のある子供の指導に携わる教職員が自主的に開催している研修会です。筆者が勤務する地域では、言語障害特殊学級が初めて開設された昭和40年代以来、言語障害のある子供の指導に携わる教職員が自主的に研修会を開き、互いの専門性の向上を図ろうとする取組が行われています。参加は自由意思で、月1回程度、土曜日に実施しています。就学前療育施設の保育士も加わり、毎回20名程度の参加があります。筆者はアドバイザーを務めています。

　もう一つは、大学の地域貢献事業として実施している研修です。地域の学校が設定した研修テーマに応じて、講義や演習を行っています。

2．研修会から見えてくる通級による指導の実態と課題

　上記の研修会は、どちらとも事例検討を中心として行われます。その事例の多くは、構音障害のある子供です。特に、指導経験の少ない通級担当教師においては、より効果的な構音指導の方法を知りたいという研修ニーズが高くなっています。

　研修会では、まず、検討事例の子供の実態について改めて確認するために、参加者と事例提供者との間で情報交換を行います。その過程で、学習障害やASD（自閉スペクトラム症）等の発達障害を併せ有していることが明らかになってくる場合があります。指導を担当する通級担当教師も、その子供にコミュニケーションや教科等の学習上の困難があることを把握しており、構音指導の他、各教科の内容を補充するための指導を実施していることもあります。しかし、それらの指導と構音指導との関連性については、整理されていないことがあります。主訴が構音障害なのだから構音指導を行うべきだと捉え、教科学習の補充指導については、通級指導のために参加できない授業の補充として実施していることも見受けられました[*1]。

　以上のことは、通級による指導が各教科等との関連を保ちながら指導内容を設定し、学校の教育活動全体を通じて行うものであるという自立活動の理念の理解に課題があることを示しているのではないかと考えられます。

[*1] 通級児に対する特別の指導として、「各教科の内容を補充するための特別の指導」とされていたものが、「特に必要があるときは、障害の状態に応じて各教科の内容を取り扱いながら行うことができる」と改正されました（平成28年文部科学省告示第176号）。これによって、通級による指導で各教科の内容を取り扱う場合であっても、障害による学習上又は生活上の困難の改善又は克服を目的とする指導であるとの位置付けが明確化されました。

3．自立活動の理念を踏まえた実態把握の研修
（1）実態把握図の作成

　ここでは、構音障害の改善がなかなか進まないとして研修会に挙げられた A 君について取り上げます。安藤（2001）が提唱する個別の指導計画の作成手続に基づいて、学級担任や他の教職員、保護者等 A 君の関係者から得られた情報を、研修会の場で実態把握図（図1）にまとめながら、A 君の実態について検討し合う研修を行いました。

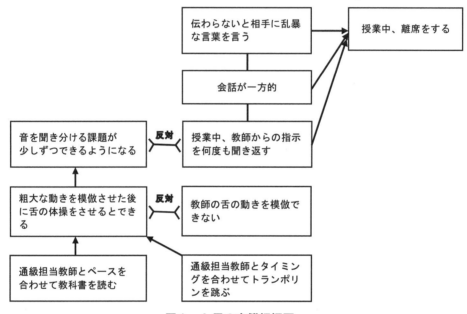

図1　A 君の実態把握図

（2）見えている困難の背景要因の整理

　この事例では、学級担任や保護者のニーズが構音障害の改善であったためか、構音検査[*2]の結果だけから指導課題が選択されていました。また、落ち着きのなさ、不器用さは、通級指導教室でも在籍学級でも気づかれていましたが、そのことと構音障害との関係が整理されていませんでした。しかし、実態把握図（図1）を作成してみると、「通級担当教師とタイミングを合わせてトランポリンなどの粗大な運動課題を行ったり、声を合わせて教科書を読んだりしていったところ、指示に応じて舌を動かすことや音の弁別課題にも応じるようになってきている」という実態が浮かびあがってきました。A 君の通級担当教師とタイミングを合わせて動作をする（トランポリンで跳ぶ、声を合わせて読む）ことによって、相手を意識したり、自分の身体の動きに注意を向けたりすることができるようになってきたのではないか、そしてそれが、

[*2] 構音障害の状態を明らかにするための検査です。例えば、新版構音検査（編集　構音臨床研究会、発行　千葉テストセンター）があります。会話の観察、単語検査、音節検査、文章検査、構音類似運動検査から構成されています。幼児児童が検査に応じやすいよう、子供に馴染みのある単語が検査語として選ばれています。

舌を自分の意図で動かすことや通級担当教師から提示された音に主体的に注意を向けるという姿としてあらわれるようになってきているのではないかと解釈されました。通級指導教室では、指導の前後に子供の好きな遊びを取り入れることがあり、A君ではそれがトランポリンでした。このような活動は、教師とのコミュニケーションを図る、指導への動機付けを図るといった目的のために行われていますが、A君の構音の問題との関連が意図された個別の指導目標は立てられていませんでした。結果的には、A君の学習によい効果を及ぼしていましたが、個別の指導計画には位置付いておらず、計画的な取組ではなかったのです。

また、「授業中、担任の言語指示を何度も聞き返す」「相手に自分の主張が通らないと言葉が乱暴になる」「授業中離席が多い」という情報が担任から得られましたが、これら在籍学級における学習上の課題についても、相手とタイミングを合わせて動く中で育まれる自分の身体の動きへの気づきの問題との関連があるのではないかと解釈されました。このことによって、通級指導教室での自立活動の指導と在籍学級での各教科等の指導における手立てや配慮等との関連が分かりやすくなりました。

実態把握図（安藤，2001）を作成する研修によって、研修の参加者は、A君の特別な教育的ニーズを明らかにするプロセスを理解するとともに、教科等の指導を担当する学級担任も自立活動の指導の担い手であることの理解につながりました。

構音指導の対象として認識されていたA君でしたが、教科指導等との関連を図って指導をしていくことが必要な子供として捉え直すことができました。今後、研修会では、実態把握図を基に、通級指導教室と在籍学級それぞれの場における個別の指導計画を具体的に立てていくことが課題となっています。

4．自立活動について研修する方法

通級担当教師には、特別支援学校教諭免許状の所持は必要とされていないため、自立活動について全く学んだことがない教師も自立活動の指導を専門としなければならない状況に立たされていると考えられます。自立活動の理念について学ぶ一つの方法として、大学教員のほか、自立活動の指導を蓄積している特別支援学校教師との連携による研修が有効ではないかと考えられます。

【引用・参考文献】
安藤隆男（2001）自立活動における個別の指導計画の理念と実践．川島書店．
全国公立学校難聴・言語障害教育研究協議会（2018）きこえとことば36号．

事例26 自立活動の視点を生かした教育相談

こんな悩みのある方に・・・

悩み9　保護者や医療・福祉等の関係機関と連携して自立活動の個別の指導計画を作成するには、どのようにすればよいのでしょうか。

悩み22　心身の状態が不安定な子供の自立活動の指導は、どのように行えばよいのでしょうか。

悩み23　通級による指導を在籍学級の指導に生かすには、どのようにすればよいのでしょうか。

悩み30　教育相談や地域支援の際に、自立活動の視点をどのように生かせばよいのでしょうか。

この事例から学んでほしいこと

　特別支援学校は、地域の小・中学校等に在籍する子供や保護者にセンター的機能として教育相談や情報提供を行っています。本事例は小・中学校に対してのセンター的機能の取組を知りたい方に参考にしていただきたい事例です。教育相談に自立活動の視点を取り入れることによって、実態を捉え、課題を整理する手続きを通して相談者の主訴に迫りました。指導・支援の方向性を探る上でも自立活動の視点は参考になります。

対象の子供の実態

　A君は母子分離に不安があり小学校で不登校になっていました。小学校3年生の頃、怒られることに反応するようになり、お母さんも別室で待機するようになりました。5年生には毎日母親と一緒に登校するようになり、教師のちょっとした言葉掛けに興奮することもありました。学校内だけでなく家庭内でも日常のいろいろなことが気になって母親から離れられず、不登校が続いていました。そこで、特別支援学校での教育相談を受けることになりました。

1. 実態把握から教育相談の目標の設定[*1]

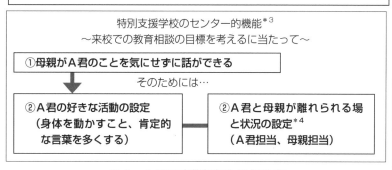

図1　A君の実態把握と目標設定

2. 指導の実際：小学校5年生～6年生

■ 平成○○年6月「相談記録」より抜粋

　活動は野球やバドミントンなど、A君が楽しく活動できる内容にして「また来てもいいかな？」と思えるような関わりを心掛けました。そして「母親が話せる場の設定」を考え、A君が好きな活動（身体を動かすこと）を行い、A君と母親が離れられる状況を設定しました[*4]。A君は特別支援学校に来るまでは不安が強かったのですが、学校に着くと前回のことを思い出し、思いっきり野球をしました。途中、自分から「バドミントンをやりたい」と申し出があり、後半はバドミントンを行いました。時間にして30分位ですが、母親も久しぶりにA君のことを気にせずに話すことができました。はじめはA君も新しい場所と教師に不安があったようですが、特別支援学校に「また行きたい」と言ってくれたようで、保護者もホッとしていました。母親は何よりもこのような形で話を聞いてくれる場所があることを喜んでいました[*5]。

[*1] 本事例での実態把握の一つとして、A君との関わりや担任や母親の語りの中から「A君が困っていること」を整理しました。また、教育相談という観点から「母親が困っていること」「担任が困っていること」も同様に整理し、教育相談の目標の設定に迫ることにしました。

[*2] 自立活動の指導を行う際は、特別支援学校学習指導要領に示される内容（6区分27項目）から個々の子供の実態に合わせた指導内容を選定します。A君にとっては、6区分の中の①心理的な安定、②人間関係の形成、③健康の保持の3区分に着目して教育相談を進めることにしました。

[*3] 特別支援学校のセンター的機能は「特別支援教育を推進するための制度の在り方について（答申）」（平成17年、文部科学省）において具体的な内容が示され、小・中学校等に在籍する児童生徒、教師等に対しても支援を行うことになりました。そして、学校教育法第74条に規定されて位置付けが明確になりました。

[*4] A君が母親から離れられる場と状況の設定では、A君と活動する教師と母親と話をする教師など、役割分担をしました。

[*5] 「母親がA君のことを気にせずに話ができる場の設定」の目標がどれくらい達成できたかを確認することが必要です。

3．中学校入学に伴い、担任への関わりを加えた教育相談の目標を設定[*6]

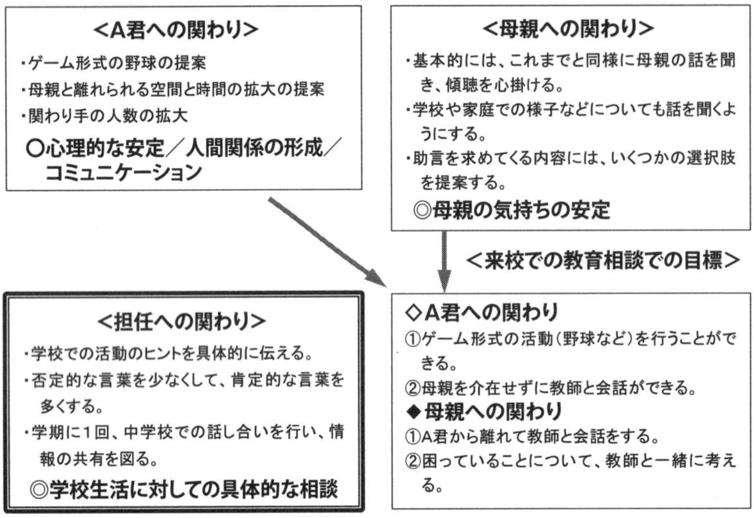

<A君への関わり>
・ゲーム形式の野球の提案
・母親と離れられる空間と時間の拡大の提案
・関わり手の人数の拡大
○心理的な安定／人間関係の形成／コミュニケーション

<母親への関わり>
・基本的には、これまでと同様に母親の話を聞き、傾聴を心掛ける。
・学校や家庭での様子などについても話を聞くようにする。
・助言を求めてくる内容には、いくつかの選択肢を提案する。
◎母親の気持ちの安定

<担任への関わり>
・学校での活動のヒントを具体的に伝える。
・否定的な言葉を少なくして、肯定的な言葉を多くする。
・学期に1回、中学校での話し合いを行い、情報の共有を図る。
◎学校生活に対しての具体的な相談

<来校での教育相談での目標>
◇A君への関わり
①ゲーム形式の活動（野球など）を行うことができる。
②母親を介在せずに教師と会話ができる。
◆母親への関わり
①A君から離れて教師と会話をする。
②困っていることについて、教師と一緒に考える。

図2　中学入学時の教育相談での目標設定

[*6] ここでは、A君に対しては「心理的な安定」「人間関係の形成」「コミュニケーション」に着目して、母親には教師との会話を通じて「気持ちの安定」に焦点を当てることにしました。そして、来校での教育相談の目標を具体的に立案しました。

4．指導の実際：中学校1年生～2年生

■「相談記録」（平成○○年9月）より抜粋

　A君も中学校1年生になりました。教育相談では、キャッチボール、バッティングに加え、ゲーム形式を提案しました。これまで、母親を介しての会話だけでしたが、ゲーム形式にしたことで自然と担当教師と会話をする場面が増えました。そして、野球を楽しみ、思いっきり身体を動かすことができました。表情もよく、笑顔も見られました（40分間体育館で活動ができました）。これまでは、野球が終わるとすぐに帰っていましたが、担当教師が「A君、のど渇かない？お茶飲もうか？」と誘うと、教室に移動してお茶会をすることができました。お茶会では「楽しかった」「またやりたい」「（母親が）いなくなるかと思い少し気になった」など自分の気持ちを話すことができました。

■「相談記録」（平成○○年2月）より抜粋

　担当教師の発案で野球の道具を探しに行く活動を提案しました。担当教師とA君だけで2階の教室までボールを取りに行くことができました[*7]。母親の話では、ここまで母親と離れられたことは最近ではなかったとのことです。今日も教室に移動してお茶会ができました。お茶会の後半に「どんな活動なら中学校でできそうかな？」という話題になり、A君は野球とバナナに興味があるので、選択問題や自由記述を提案してみました（図3）。

[*7] 母親と離れられる空間と時間の拡大の目標に向けて、新しい活動を提案しました。ここでも、A君に負荷がかからないように配慮をしながら取り組みました。

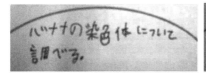
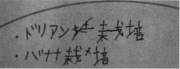

図3　選択問題・自由記述の提案

中学校との連携では、学期に1回話し合いを行いました。中学校での様子を聞き取り、特別支援学校での教育相談の様子を伝え情報交換を行いました。また、A君への関わり方に対しては、図2を活用して自立活動の視点を伝えました。また、中学校の担任にも特別支援学校での教育相談に参加してもらい、直接連携を図りました[*8]。

5．事例を振り返って

特別支援学校の専門性である「自立活動」の視点で、生徒や保護者、在籍校の担任の困っていることに寄り添いながら課題を整理し、教育相談を行うことができました。本事例では、放課後を活用したことで「A君との対応者」「母との対応者」と人的な担保もできました。自立活動の視点で課題を整理し、A君にとって負荷がかからない関わりで相談を進められたことで、A君と母親の気持ちも少しずつ安定してきたようです[*9]。

今後の課題としては、在籍校での学びの充実や学校生活に対して適応できる力をつけることです。そして、A君の中学校卒業後の進路に結び付けられるように特別支援学校のセンター的機能を発揮したいと思います。そのためにも「自立活動の視点」をこれからも中学校に発信していきたいと考えます。

*8　来校での教育相談の目標を自立活動の視点で整理したことを中学校に伝えました。このことは中学校での活動のヒントになったり、指導の方向性を導き出したりする時の参考になったそうです。

*9　学校に登校できない本質的な原因（母子分離の不安）に対しても相談を進められたことで、中学校にも少しずつ行けるようになり、欠席も減り学校での学びも少しずつできるようになりました。

【引用・参考文献】
文部科学省（2005）特別支援教育を推進するための制度の在り方について（答申）．

事例 27 知的障害教育で培った専門性を活用した聴覚障害児への指導

こんな悩みのある方に・・・

悩み9 保護者や医療・福祉等の関係機関と連携して自立活動の個別の指導計画を作成するには、どのようにすればよいのでしょうか。

悩み14 障害種によって、指導内容や指導方法は決まっているのでしょうか。

悩み24 自立活動の指導に関する校内研修は、どのように企画・実施すればよいのでしょうか。

悩み28 授業に関わる教師間で連携した自立活動の指導は、どのように行えばよいのでしょうか。

この事例から学んでほしいこと

　本事例では、知的障害と聴覚障害を併せ有する子供に対して、特別支援学校（聴覚障害）の自立活動で取り組まれている語彙の聞き取りや手話、指文字などの指導に加えて、主に知的障害者である子供に対する特別支援学校で取り組まれている指導内容・方法を参考に、コミュニケーション手段の獲得を促す指導を行いました。複数の障害を併せ有する子供の指導において、校内のOJTを活用し、それぞれの教師の指導経験や専門性を生かすとともに、外部専門家や保護者と連携を図りながら指導を充実させていく実践事例として紹介します。

対象の子供の実態

　知的障害と聴覚障害を併せ有するA君は、特別支援学校（聴覚障害）小学部3年生です。重複障害学級に在籍しています。裸耳聴力は、両耳共に高度難聴で、主なコミュニケーション手段は身振りや手話です。こだわりが強く、興味・関心の幅が狭いことから、授業中に離席したり、癇癪を起したりすることもしばしばあります。教師や保護者は、「気持ちの切り替えがスムーズにできるようになってほしい」「相手に伝わりやすい意思表示ができるようになってほしい」という思いがありました。

1．事例の詳細

　本稿では、筆者が知的障害特別支援学校での経験を経て、聴覚障害特別支援学校に勤務していた時に関わった事例を紹介します。

　筆者は当時、幼稚部の重度・重複障害学級（以下、「重複障害学級」という）の担任及び研究部主任を担当しており、日頃から小学部の重複障害学級の担任と教材作りや指導方法について話し合う機会がありました[*1]。その中で、知的障害と聴覚障害を併せ有するA君のコミュニケーション指導について相談を受けました。A君のコミュニケーション手段は、身振りや簡単な手話や指文字、絵や写真等の視覚教材の活用が中心でした。日常における簡単なコミュニケーションは可能でしたが、理解言語や表出言語が限られていることから、こちらの伝えたいことが伝わらなかったり、A君の気持ちや要求を周囲の人が理解できなかったりすることがありました。その結果、集中が途切れ離席をしたり、癇癪を起こしたりすることがある、とのことでした。

　このような状況を受け、今後の指導方法について担任と話し合う中で、A君にとって「分からない・伝わらない環境」ではなく、「分かる・伝わる環境」を作っていくことが最優先であり、そのためには、A君にとって実用的なコミュニケーション手段を獲得させることが必要なのではないかと考えました。そこで、これまで習得してきた身振りや手話、指文字に加えて、主に知的障害特別支援学校で取り組まれている指導方法の一つである、「コミュニケーションブック」[*2]を活用した指導を自立活動の指導として行うことにしました。

2．実態把握

　「コミュニケーションブック」には、人、もの、活動、場所などの絵カードをカテゴリー別に収納します。一人一人に合わせたオーダーメイドのツールです。作成に当たって、まずはA君にまつわる情報を収集、整理することから始めました。学校生活や家庭生活において関わる人やもの、活動、場所などについて、保護者への聞き取りなどを行い、カード化する情報を収集しました。加えて、A君の日頃の様子から、A君が好きなものや活動を整理しました。「コミュニケーションブック」を介したやりとりでは、自分の要求を相手に伝え、それが達成される成功体験を積み重ねることや、好きな活動を励みに、見通しをもって主体的に活動に取り組む経験を増やすことを重視しています。A君は、特定の写

[*1] 在籍校では、校内のOJTを推進させるため、研究活動の一環として全学部の重度・重複障害学級の担任が所属する分科会がありました。そこでは、定期的に指導事例を報告、検討し、教師間で子供の実態や課題を日常的に情報交換をしていました。

[*2] 「コミュニケーションブック」は、言語に障害のある人が他者との意思疎通に利用するためのツールの一つです。本事例では、自閉症児・者の視覚優位の特性に合わせて開発された絵カードを活用した方法を参考にしてブックを作成、活用しました。

真を見ることや、ミニトランポリンで遊ぶことを好み、それらを励みにすることがスムーズな活動の切り替えや心理的な安定につながることが分かりました。

3．指導の実際

「コミュニケーションブック」*3を活用した指導の目標は、以下のように設定しました。

【指導目標】
・自分の意思を表出する機会や手段を増やす。
・活動に見通しをもち、落ち着いて取り組む。

*3　コミュニケーションブック

（1）指導の経過

はじめは、A君が「コミュニケーションブック」の使い方を理解し、使うことで得られる効果を実感することを目的とし、例えば「前庭に行きたいです」「○○のカードがほしいです」など、A君自身の要求度が高いと思われる場面を取り上げ、絵カードを用いて相手に伝えることから始めました。

聴覚障害特別支援学校では、聞こえにくさを補うために、視覚教材を積極的に活用しており、A君の学級でも、以前から絵や写真などの視覚教材を用いた指導を行っていました。しかし、どちらかというと子供の理解を促すために教師が使うことが多く、子供が自分の気持ちや要求を伝えるために使うことは少なかったそうです。「コミュニケーションブック」は、対象児自らが主体的に他者とやりとりをするためのツールです。使い方やその効果が分かったA君は、自分から「コミュニケーションブック」を手に取り、遊びたい内容や行きたい場所などを担任に伝える様子が徐々に増えていきました。

担任にとっても、A君の気持ちや要求が分かるようになり、「○○をしたらトランポリンをやろう」などのやりとりが成立するようになり、見通しをもち、落ち着いて活動に参加できることが増えていきました。

（2）外部専門家との連携

「コミュニケーションブック」を用いた指導を進めるに当たり、管理職や研究部内で検討の上、知的障害や発達障害の専門家*4を招聘することとし、A君の事例について指導・助言を得ることができました。聴覚障害教育の専門家とはまた違った切り口から指摘を受けることで、担任もその場に同席した保護者も新たな気づきがあり、A君の行動の背景などについて理解を深めることができました。

*4　知的障害及び発達障害の専門家からは、A君の認知特性や問題行動が起きる背景、問題行動の分析方法、それらに応じた具体的な指導方法について指導・助言を受けました。また、作業療法士からは、A君の身体の使い方の特性に応じた指導内容・方法について、指導・助言を受けました。A君は、粗大運動にぎこちなさがあったため、協調運動や体幹の保持を目的とした運動を、体育や遊びの時間に取り入れることにしました。

さらに、校内研修の一環として、同専門家による講演会を実施し、校内の教師が、知的障害や発達障害の特性や効果的な指導内容・方法について学ぶ機会を設定しました。A君が関わりをもつ教師は担任だけではありません。担任だけで完結させるのではなく、校内の教師が共通理解を図りながら進めることを重視しました。

（3）保護者との連携

　「コミュニケーションブック」は、学校のみならず、家庭も含め、生活全体を通して活用することで、効果が高まり、定着が促されます。A君の保護者には、「コミュニケーションブック」を取り入れる目的や意図を説明し、理解していただいた上で、ブックの作成段階から協力をいただき、学校と家庭が連携しながら取り組みました。保護者からの報告では、放課後や休日などに、A君がやりたいことを自分から伝えられる場面が増え[*5]、家庭でも落ち着いて生活できる時間が増えたそうです。

　さらには、A君の取組を契機に、重複障害学級の保護者を対象とした「コミュニケーションブック」や家庭でも取り組める教材作りに関する研修会も開催しました。教材の多くは、知的障害特別支援学校で作成・活用されている、言葉や数、数量の理解を目的として用いられているものです。知的障害のある子供にとって、操作がしやすい大きさや材質、理解しやすい教材の設定など、実際に教材を紹介しながら行いました[*6]。保護者の中には、夏季休業中に実際に教材を作成し、家庭で取り組んでみた方もおり、学校と家庭とが連携を深めながら指導を進める機会となりました。

4．事例を振り返って

　自立活動は、子供一人一人の実態に応じて行う指導です。そのため、指導の目標や方法はそれぞれに異なります。特に、複数の障害を併せ有する子供の場合、実態把握や指導目標の設定が難しいと感じる先生も少なくないと思います。自立活動担当教師はもちろんのこと、校内にいる様々な指導経験や専門性をもつ教師から積極的に助言を受けるとともに、外部専門家や保護者との連携を図り、様々な観点から指導を見直してみてはいかがでしょうか。

---

*5　家庭でのA君の取組では、好きな料理を食べること、コンビニに買い物に行くことを目標に設定していました。約束したことができた時にはシールを貼り、一定程度集まったら目標を達成できる、という取組を行っていたそうです。それまでは、なかなか約束事が成立しなかったそうですが、「コミュニケーションブック」を活用し、目標と目標に至るまでの手続きを明確にしたことでやりとりが成立するようになり、A君の行動も落ち着いてきたとのことでした。

*6　保護者研修会で紹介した教材例（袋の中から指示されたブロックを取り出す教材）

【参考文献】
文部科学省初等中等教育局特別支援教育課（2013）教育支援資料～障害のある子供の手続きと早期からの一貫した支援の充実～.
アンディ・ボンディ著　門眞一郎監訳（2005）絵カード交換式コミュニケーション・システム・トレーニング・マニュアル第2版.

事例 28 自信を失っている子供の主体的な学びを育む指導

こんな悩みのある方に・・・

悩み 21 子供が指導に対して消極的・拒否的で、なかなか主体的な取組へと発展しません。

悩み 23 通級による指導を在籍学級の指導に生かすには、どのようにすればよいのでしょうか。

悩み 25 子供の願いや得意な面を生かした指導は、どのように考えればよいのでしょうか。

悩み 26 通級による指導における効果的な指導は、どのように考えればよいのでしょうか。

この事例から学んでほしいこと

　通級指導教室に通ってくる子供は、学習上又は生活上の何らかの困難を抱えています。友達と関わることや気持ちを上手に表現することができないことで、トラブルになり、周囲から指摘され続けることで疎外感を感じ、自信を失っています。しかし、教師が課題の改善・克服だけに目を奪われてしまうと、子供の全体像が見えにくくなってしまいます。子供に対する多様な見方を大切にし、子供の暮らしが豊かで、安心できるように指導・支援していく必要があります。

対象の子供の実態

　A君は読み書き障害とADHDのある小学校3年生です。「いつもことばを間違える」「僕は、どうせやったってダメなんだ」と言うことが増え、表情も乏しく、何事に対しても諦めてしまっている様子が見られました。学習面でも遅れが目立ち始め、友達に誤りを指摘されると怒ってしまい、トラブルになることが増えてきました。保護者が高学年に向けて心配されたことから、通級による指導を開始しました。

1．学級の中で疎外感を感じ、自信を失っていったA君

　A君は、中学年になり、抽象的な学習が増えていくにつれて苦手意識をもちはじめ、学習の遅れが顕著になっていきました。自分でも頑張って授業を聞いたり、家庭で復習したりしていましたが、なかなか遅れを取り戻すことができませんでした。また、A君は、不注意な傾向があり、整理整頓が苦手でした。そのため、宿題や持ち物を忘れたり、話を聞き逃してしまったりすることがありました。机の中には配布したプリントがいつまでも入っていたり、学習で使う持ち物を忘れてしまったりすることが続き、友達や担任から指摘されたり、注意されたりすることが増えていきました。このような経験を積み重ねていくうちに、友達との関係もぎくしゃくし始め、「またA君が○○している」と指摘されたりすることで、学級の中で疎外感を感じるようになりました。担任がA君に困っていることを尋ねても「別にない…」等、自分の気持ちを伝えることも諦めてしまい、「どうせ、僕は、何をやってもできないんだ…」と自信を失っていきました。

　そこで通級による指導が始まりました。

2．実態把握

　安心して通級指導教室に通うことができるように、A君から好きなもの、得意なこと、興味・関心のあることを本人や保護者から聞き取りました。次に、在籍校の担任や保護者に協力していただき、日頃の学習の様子を把握しました。ノートやテスト、授業態度などを確認し、実際に授業を参観して学級での様子を観察しました。漢字テストでは、曖昧に覚えているために書き誤りが目立ちました。授業中、ノートは、一生懸命に書き写していましたが、話が分からなくなると姿勢が崩れ、いすをガタガタと動かしていました。机の中に配布されたプリント等が入ったままになり、作品が未提出のため掲示されていない実態が分かりました。そこで読み書きに関する実態把握をさらに行い、客観的にA君の得意な力、苦手な力について把握をしました。全体をまとめての的確に表現することが苦手だったり、自分のペースで丁寧にやる方が得意であったりすることが分かりました[*1]。

＊1　子供の実態把握をする時には、課題になっていることだけを見るのではなく、その背景を見ようとする多様な見方をする必要があります。

3．指導の実際
【指導目標】
・A君の興味・関心がある遊びを共有して、楽しみながら信頼関係を築いていく。

・困っていることを相談したり、自分の思いを教師に伝えたりする経験を通して、自分のよさや学び方のコツを知る。

(1) 子供との「共遊」と「対話」

まずはA君との信頼関係を築くことが重要と考えました。そこでA君の「好きなこと・得意なこと」「興味・関心のあること」に徹底的に付き合いました。共に遊ぶことを通して、何かを教える、教えられるという関係ではなく、共に過ごす存在として関係づくりをしていきました。好きな遊びをすることで、自然と心が通じ合い、褒めたり、認めたり、時にはA君が教師に教える場面もありました[*2]。少しずつ信頼関係を築いて行く中で「自分説明書」[*3]（図1）を活用して、A君と対話を深めていきました。すると今まで教師が分っていると思っていたA君の姿は、ある一面だけだったと気づくことができました。「もっとA君のことを知りたい」という気持ちも教師に芽生えていきました。すると少しずつ、「この人なら信頼してもいいかもしれない」とA君も心を開いてくれていきました。徐々に表情が豊かになり自分が苦手にしていることを教師に相談したり、「もっとこうなりたい」という自分の気持ちを伝えてくれるようになりました。

*2 「共に遊ぶ」ことを通して、どのような意図があるのかをしっかりと説明することも担当者として必要になってきます。「ただ遊んでいるだけではないのか」と誤解を受けないようにしていくことも大切です。

*3 「自分説明書」を書くことが難しい子供には、教師がモデルとなったり、選択肢等を用意して書きやすい状況をつくることも大切です。

2 自分説明書（参考資料一部抜粋）
（　　）月（　　）日（　　）　名前＿＿＿＿＿＿＿＿＿＿＿

1	得意なこと	
2	好きなこと	
3	なおしたほうがいいこと	
4	そばにあると安心するもの	
5	いま、はまっていること	
6	苦手なこと：対応方法も	
7	嫌いなこと：対応方法も	
8	周りに気をつけてほしいこと	
9	周りにたすけてほしいこと	
10	自分を一言で表現すると	

図1　自分説明書

(2) 漢字学習へのチャレンジ

苦手な漢字学習に向けて、A君が学びやすい方法について一緒に通級指導教室で考えました。漢字テストの結果を見ると、曖昧に覚えていることで、ケアレスミスが見られました。A君は、とても絵を描くことが上手で、細部までしっかり書くことができていました。そこで、図2に示した手順で漢字練習に取り組みました。すると少しずつ自分の誤りに気づき、漢字をしっかりと見て少ない回数でも正

1. 漢字をよく見て、大きなマスに書く。
2. マス目の漢字をよく見て覚える。
3. 覚えたら、漢字の書かれたマス目を折って下のマス目に書く。
4. 正しく書けたか、自分で採点する。
5. 誤りがあれば、再度、正しい漢字を確認して書く。
6. 確認テストの前に、自分がどれだけの点数がとれるか予想する。
(1)自信がある(2)普通(3)自信がないの項目にチェックする。
7. 確認テストを行う。

参考文献：特別支援教育　はじめのいっぽ「国語のじかん」
図2　漢字練習ノート

しく覚えるようになりました。在籍学級の漢字テストでも点数がとれるようになり、学習に対する意欲も高まっていきました*4。

（3）A君の変容

　漢字の学習をきっかけにして、「僕もやればできるかも」と自信になった様子が見られました。徐々に、困ったことがあると相談することも増えていきました。保護者からは、「『どうせできない』から『やればできるかも』という意識の変化が出てきたようです」と家庭でも前向きな姿を見せているようでした。在籍学級の担任からは、「学校の代表でサッカーに参加して活躍しました」「今まで難しいと思って取り組めなかったような学習でも挑戦するようになりました」とA君の主体的な学びが育まれている在籍学級での様子の報告がありました。

4．事例を振り返って

　A君との実践を振り返って、教師と子供との関係づくりを土台とすることの大切さを改めて実感しました。通級指導教室に通う子供は、何らかの課題をもっています。しかし、課題の改善ばかりに目がいってしまうと子供の全体像が見えなくなります。また、一つの課題が改善されると次の課題が生まれ、膨大なことを教えていかなくてはいけないことになります。教師と子供が一緒に通級指導教室の時間を過ごし、遊びや対話を通して、信頼関係を築くことで、「この人なら相談してもいいかも」と思えた時、初めて子供は苦手なことを相談するのです。そして、教師は、子供が困っていることや悩んでいることに寄り添いながら、子供と一緒に育っていくのだと思います。

*4　平成29年に告示された小学校学習指導要領等の改訂とともに、通級による指導の内容について、各教科の内容を取り扱う場合であっても、障害による学習上又は生活上の困難の改善又は克服を目的とする指導であるとの位置付けが明確にされました。

【引用・参考文献】

国立特別支援教育総合研究所　言語障害教育班（2015）「ことばの教室」ことはじめ.
柘植雅義（監修）小林靖（編集）（2016）[中学校]通級指導教室を担当する先生のための指導・支援レシピ 今日から役立つ！基礎知識＆指導アイデア（特別支援教育サポートBOOKS）．明治図書出版, 74-77
宮﨑英憲（監修）山中ともえ（編著）（2018）（小学校）新学習指導要領の展開　特別支援教育．明治図書出版, 26-27
鯨岡峻（編）安来市公立保育所保育士会（編）（2005）　障碍児保育・30年 子どもたちと歩んだ安来市公立保育所の軌跡．ミネルヴァ書房, 19-23
小島道生（2013）発達障害のある子の「自尊感情」を育てる授業・支援アイデア集．学研教育出版, 48-55
井上賞子（2011）国語のじかん　特別支援教育　はじめのいっぽ！．学習研究社
牧野泰美（研究代表者）（2005）通級指導教室における言語障害児への生活充実指向型教育支援プログラムの構築．独立行政法人国立特別支援教育総合研究所, 27-36

事例29 子供の強みを生かした指導

こんな悩みのある方に・・・

悩み13 自立活動の指導と各教科等の指導等を、どのように関連付ければよいのでしょうか。

悩み16 学習指導要領に示された自立活動の区分や内容を、どのように関連付ければよいのでしょうか。

悩み25 子供の願いや得意な面を生かした指導は、どのように考えればよいのでしょうか。

この事例から学んでほしいこと

平成29年3月に告示された小学校新学習指導要領では、特別支援学級で自立活動の指導を取り入れることが明記されました。しかしながら、多くの特別支援学級においては、当該学年との交流や教科学習に多くの時間が設定されていることが多く、自立活動の理念を捉えてどのように学習活動を構想、発展、展開していくかを考えていくかが求められています。本事例では、学習上又は生活上の困難の改善、克服に迫るために、子供の強み（得意な力、好きな活動）を支えにして指導を展開していく一方法を紹介します。

対象の子供の実態

自閉スペクトラム症のA君は、小学校特別支援学級2年生です。A君の自立活動で取り扱う内容として、「心理的な安定」「コミュニケーション」「環境の把握」が挙げられます。文字と文字、数字と数字をマッチングすることやパズルをはじめとする型はめが得意で30～40分間続けて取り組むことができます。しかし、新しい活動に対しては、やり方が分からないことに対しての不安が強くなり見通しがもてずに、活動に向かうことが難しい姿が見られました。学校生活全体の年間目標では、『学習活動に見通しをもち、新しい活動や苦手な活動にも「やってみよう」という気持ちをもって取り組むこと』を設定しました。

1．事例の詳細

　A君は、言葉や視覚的な手掛かりによる指示理解は概ねできます。表出言語はあまりみられませんが、要求場面では教師の手を引いて伝えようとしたり、不快な場面で拒否を表す言葉を発したりすることができます。また、活動の内容や量、終わりなどに見通しのもてる活動であれば、30～40分程度落ち着いて活動に取り組むことができます。しかし、新しい活動になったり、少し苦手な活動になったりすると、見通しがもてずに不安になり、活動に取り組むことが難しいことが多くありました。また、自分なりの見通しを強くもっており、望んでいる行動を止められたり、望んでいないものごとから逃れたりしたい時などに言葉意外の手段で意思を表現することが多くありました。「コミュニケーション」の指導に関しては、特に要求場面を捉えながら、絵カードを活用した方法を参考にしながら、意思表示の場面や手段が広がるように、学校生活全体の中で指導を行っていました。

　この事例では、A君の実態から導き出された「心理的な安定」「環境の把握」を取り上げ、「学習活動に見通しをもち、新しい活動や苦手な活動にも取り組む」ことのねらいに迫るために、A君の得意なマッチングやシール貼りを応用した活動を取り入れた学習活動を設定しました。

2．実態把握

　A君は活動の内容や量、終わりに見通しがもてる活動であれば、30～40分程度落ち着いて活動に参加できました。しかし、見通しがもてない活動になると、不安になり活動から逃れようとすることが多くありました。また、制作活動では、やり方が分かると手順に沿って取り組み進めることができましたが、手元を見ずに素早く進めることが多くありました。そこで、A君のマッチングやシール貼り（実際の指導では両面テープを剥がして貼る活動）などの好きな活動や得意な活動など強みの要素を取り入れて、楽しみながら取り組み、少しずつ応用できる学習活動を設定することで、新しい活動であっても、やることが分かり、落ち着いて一定時間取り組むことができるようになるのではないかと考えました。また、手元をよく見て制作する活動を意図的に取り入れていくことで、ゆっくりと手元を見ながら活動に取り組むことができるようになるのではないかと考えました。

3．指導の実際

【指導目標】
・活動内容や手順が分かり、自分から材料を手に取って活動を進めることができる。
・手元をよく見ながら、丁寧に色画用紙に写真やコメントカードを貼ることができる。

（1）指導内容

毎月の学習や行事を振り返り、写真や写真に関連するコメントを色画用紙に貼る活動を設定しました。毎月の活動として取り組むことができます。毎月繰り返し行うことで、徐々に学習内容に見通しをもって活動することが期待できます。また、写真や両面テープを用いた活動を取り入れられます。これは、子供の好きな活動を取り入れられるとともに、手元をしっかりと見なくては作業することが期待できます。

実際の学習の展開は図1の通りです。

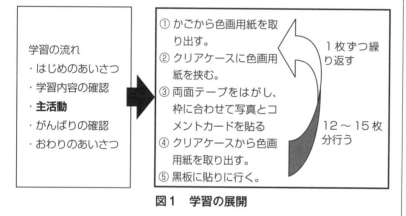

図1　学習の展開

（2）ねらいを達成するための手立てと子供の変容

① 活動が分かりやすく、見通しがもてるような教材・教具の工夫

・活動量（枚数）が分かるように、見て分かる仕切りの付いたかごを用意しました（写真1）。

写真1

　→本時にどれくらいの枚数を行うのか、見通しをもてたことで、落ち着いて取り組むことができました。また、教師から色画用紙を手渡されなくてもかごの中から自分で取り出し、進んで取り組むことができるようになりました。

② 手元を見なければ完成しないような活動の設定

・写真とコメントカードを貼る場所が分かり、手元をしっかりと見て貼ることができるように、枠をくり抜いたクリアケースを用意しました。

　→どこに写真を貼ればよいのかを分かって貼ることができるよ

写真2

写真3

うになりました。また、枠を作ったことで煩雑にならずに手元をしっかりと見ながらその枠内に収めて貼るように気を付けるようになりました（写真2）。

③ 場所に意味をもたせた場の設定の工夫

・写真とコメントカードを机で貼った後に、出来上がったカードを1枚ずつ黒板に貼りに行くようにし、子供が活動中に移動する展開にし、場所に意味付けをしました（写真3）。

→制作する場所と完成したものを貼る場所を分けました。制作し終わり、移動して完成品を黒板に貼ることが「1枚分の終わり」という目安になりました。また、1枚の色画用紙に1枚の写真とコメントカードを貼り、出来上がったら黒板に貼ることで、「できた！」という満足感をたくさん味わうことができ、ハイタッチをしたり、笑顔になったりすることが増えました。

4．事例を振り返って

1年間継続してこの学習活動を行ったことで、「心理的な安定」や「環境の把握」に迫り、「学習活動に見通しをもち、新しい活動や苦手な活動にも取り組む」ことのねらいはおおむね達成できました。A君の取組の姿から興味をもって主体的に活動に取り組み、達成感や成就感を味わうことのできる学習活動であったのではないかと考えます。本人の苦手さだけに着目するのではなく、強みを大切にしていくことを本事例から改めて考えることができました。

　本事例は特別支援学級での実践事例でした。知的障害学級、情緒障害学級、いずれにおいても学級数、児童生徒数の増加にある現在、保護者のニーズも教科学習の充足や交流学級での学習機会の設定など変化してきています。子供一人一人の障害による学習上又は生活上の困難さを改善・克服するために自立活動の指導は今後更に充実していく必要があると感じています。

事例30 当該学年相応の学習が可能な広汎性発達障害児の指導

こんな悩みのある方に・・・

悩み13 自立活動の指導と各教科等の指導等を、どのように関連付ければよいのでしょうか。

悩み17 あらかじめ決められた指導内容や指導方法がありますが、子供の主体的な学びが実現できているのか不安です。

悩み22 心身の状態が不安定な子供の自立活動の指導は、どのように行えばよいのでしょうか。

悩み27 教科学習における困難さに対して、どのような手立て・配慮を考えればよいのでしょうか。

この事例から学んでほしいこと

特別支援学級と一口に言っても学級によって実態は様々です。ここで近年増えている、情緒障害学級で当該学年相応の学習が可能な子供の自立活動について紹介します。当該学年相応の教科学習が求められる中、自立活動の時間における指導をどう実施していくか、また、交流学習の中でどのような指導及び支援・配慮を行っていくかを検討しました。

対象の子供の実態

広汎性発達障害のAさんは小学校特別支援学級1年生です。当該学年と同等の学習を本人・保護者が希望しており、当該学年と足並みを揃えたペースで学習進度を進めました。しかし、気持ちが不安定になったり、内容の理解や文字の読み書きに時間がかかったりするため、当該学年の学習に追いつけるよう教科指導の時間を確保した上で、限られた自立活動の時間の指導で、どのような指導が必要か検討しました。

1．事例の詳細

担当した情緒障害学級*1は、小学校学習指導要領に示された当該学年の各教科等の目標及び内容での学習が可能な子供が6名在籍していました。個々によって実態は様々で、基礎的・基本的な内容に重点をおいて指導が必要な子供も在籍していました。

基本的に国語と算数の時間を特別支援学級にて指導し、他の教科は交流学級*2にて当該学年の子供と一緒に学習に取り組んでいます。子供によっては、国語や算数の時間でも発表活動やグループ活動など、交流学級と合同で行っていました。

Aさんは文字の読み書きに困難があり、教科書を読んだりノートに板書を写したりするのが苦手です。また、特別支援学級や交流学級にて時々友達とトラブルがあり、自分の気持ちをうまく伝えたり、友達の気持ちを考えたりすることが苦手でした。人間関係を築いていく力をつけていくための指導と当該学年の学習を可能にするための支援・配慮が必要であると考えられました。

*1 発達障害である自閉症などと心因性・選択性緘黙などのある子供を対象とする学級。

*2 特別支援学級に在籍する子供が、一部教科の指導や学級活動の時間に参加する通常の学級のこと。

2．実態把握

個別の指導計画を作成し、自分の気持ちを言葉にして伝えることが苦手なため、トラブルになった時に手や足などが出てしまう点が課題として見えてきました。

Aさんは、毎日のように特別支援学級や交流学級において友達とケンカを起こしていましたが、それでも友達と遊ぶことが好きで、自分から話しかけたり、友達と楽しく談笑したりすることがよく見かけられました。なかなか自分の気持ちをうまく言葉にできず、「ありがとう」「ごめんね」など、大切な言葉を口にすることが少ないと思われました。

聞いた情報を記憶しておくことが苦手で、できるだけ短い言葉で伝えました。また、平仮名が読めるようになってからは単語や短文でのメモを見たりする視覚支援が有効でした。

3．指導の実際

【指導目標】
・教師の支援を受けながら、トラブル後の気持ちが落ち着いた時に友達に自分の気持ちを伝える。
・板書を写す時、文を短くしたり、必要に応じてなぞり書きやメモを視写したりする。

（1）自立活動の時間おける指導

「ありがとうの気持ちを伝えよう」（10月～11月　週1時間実施）

国語の教科学習でも手紙を書く内容がありますが、手紙の書き方に指導の重点が置かれます。今回は、自分の気持ちを伝える方法として手紙という手段のよさに気づき、方法を獲得していくことをねらい、表1のように計画しました。

　他の学級に在籍する子供たちも皆、自分の気持ちを言葉にすることが苦手であったため、感謝の気持ちを手紙に書く活動を学級全体で取り組みました。

表1　「ありがとうの気持ちを伝えよう」学習計画

時間	学習のねらい（○）と主な活動内容（・）
1	○ お家の人に手紙を書く。 ・簡単な手紙の内容を担任や支援員と考える。 ・自分で言葉を選び、清書する。 ・手紙を読んで渡す練習をする。
2	○ 手紙をもらった時の気持ちを考える。 ・返事の手紙を読む。 ・手紙をもらったらどんな気持ちになったかを考え、発表し合う。
3	○ 学校で普段お世話になっている人に感謝の気持ちを伝える手紙を書く。 ・どんなことで感謝しているかを考える。 ・伝えたい内容を考えて下書きする。
4	○ 手紙の渡し方を考える。 ・手紙を清書したり、装飾したりする。 ・手紙を読んで渡す練習をする。
5	○ 手紙のやりとりのよさを振り返る。 ・お世話になっている方からの返事を読む。 ・自分の書いた手紙を振り返る。 ・手紙のやりとりでどんな気持ちになったか、振り返って話し合う。

　一度文に書き出して整理することで、その場ですぐには言えない気持ちを整理することができました。Aさんは、ケンカになってしまうことが多い友達へ手紙を書くことを自分で決めました。Aさんにとってケンカになることが多くても、一緒に遊ぶことが楽しい大切な友達でした。書く内容はAさんが一生懸命考え、思い出せない平仮名を教師に尋ねたり、平仮名表から探したり、教師がいくつか例示した言葉の中から選んだりして手紙を仕上げました。

　お互いに書いた手紙を発表する場面を設け、恥ずかしがりながらも書いた手紙を読み上げ、相手に渡しました。手紙の内容を聞いた友達からお礼の言葉を言われ、Aさんは嬉しそうにしていました。

(2) 交流学級における指導上の配慮

教室の中央の座席では周囲からの刺激が多すぎたり、途中でタイムアウトしやすかったり、支援員が支援に入りやすかったりするため、座席は主に通路側もしくは窓側にしてもらいました。

また、書く量が多い場合は、支援員が短くまとめて書いた付箋紙をノートに貼り、板書をノートに書き写す負担の軽減を図りました。

【Aさんの変容】

友達とのトラブルが起きた時に、以前はパニックになり泣いて怒っていることが多かったのですが、何が嫌だったか、どんな気持ちだったか、少しずつ言葉にすることができるようになってきました。また、友達の様子をよく観察するようになり、友達の良かったところや悪かったところを教師に話しにくるようになりました。少しずつ冷静に物事を受け止められるようになってきました。

書くことに抵抗があり、板書になると怒ってノートを投げ出したり、書けずに授業に参加できないことがありましたが、書く量を調整したり、なぞり書きやメモを使って書いたりすることで、書くことへの不安を取り除き、自信をつけていくことができました。徐々に宿題に取り組んだり、自分からノートに作文を書いたりするようになりました。

5．事例を振り返って

平成29年に告示された小学校学習指導要領においては、特別支援学級の教育課程を編成する際、自立活動の指導を取り入れることが明記されました。特別支援学級に在籍する子供にも、自立活動の時間おける指導は重要であると改めて思いました。Aさんの事例のように、個々に応じた指導目標・指導内容、配慮事項を適切に設定するとともに、学習評価を適切に行って、自立活動の設定状況が妥当か教育課程を見直す取組（カリキュラム・マネジメント）が求められています。

発達障害をはじめとした、小・中学校に在籍する多様な障害のある子供に対して、自立活動の指導の取組が充実していくように日々の実践を大切にしていきます。

【参考文献】
秋田護・小正千華（2012）特別支援学級国語科学習指導案「ありがとうを伝えよう」（鹿児島県山下小学校）

事例 31 読み書きが困難な子供の指導

こんな悩みのある方に・・・

悩み 10 子供の困難の背景にある要因を、どのように見極めたらよいのでしょうか。

悩み 23 通級による指導を在籍学級の指導に生かすには、どのようにすればよいのでしょうか。

悩み 26 通級による指導における効果的な指導は、どのように考えればよいのでしょうか。

悩み 27 教科学習における困難さに対して、どのような手立て・配慮を考えればよいのでしょうか。

この事例から学んでほしいこと

　課題となる書字や作図、計算をする際の位取りのミスなどを改善するためには、実態把握が重要です。一般にWISC-Ⅳ知能検査などのアセスメントに利用される諸検査は、子供の全体像をつかむことにおいて有効ですが、指導につなげるためには更に詳細な実態把握が必要となります。知的な水準だけでなく姿勢の保持や手先の器用さ、見え方、現時点での読み書き計算の習得度などです。背景となる要因によって対応は違ってくるため、学習上又は生活上の困難を把握するための行動観察と検査時の客観的な評価、さらには指導の成果とを関連付けることが教育的には大切になります。

対象の子供の実態

　書字が困難なAさんは小学校4年生です。週1回、小集団指導と個別指導を組み合わせて通級指導教室で学習しています。Aさんの自立活動で取り扱う個別の課題として、「書くことの困難さ」が挙げられます。書くことの困難さは、書字だけでなく算数における作図や計算のミスにもつながっています。そこで、ビジョントレーニングの他、学校での学習に沿って音読や漢字の習得にも取り組みました。通級による指導の時間は限られており、通級による指導で身に付けた力をどのように般化していくかが課題となっています。

1．事例の詳細

　Aさんは、穏やかで話好きな子供です。医療診断はありません。低学年時は、①指示を聞き逃したり、活動に遅れたりすることが多い。②一方的に自分の話をするため、会話が続かない。③自分で音読することが上手になってきたが、他の人が読んでいるところを目で追うことが難しい。④よい姿勢を保つことが難しく、不器用さがうかがえる、という様子がありました。

　中学年になると、ノートのマス目が小さくなったり罫線に変わったりします。その結果、行をとばして書いたり、画数が多い漢字は枠に収まらなかったりするなど、苦労するようになりました。また、意味や形の似た漢字を混同する、画数の過不足があるなどの姿も見られるようになりました。学習の困難さが顕著になってきたAさんに対して、個に応じた支援の必要性が高まり、在籍校とのより綿密な連携は不可欠になりました[*1]。

2．実態把握

　実態把握の方法として、WISC-Ⅳ知能検査による認知特性の把握とWAVES[*2]による見る力の総合アセスメント、在籍校職員による特別な教育的支援を必要とする子供に関する実態把握調査を実施しました。WISC-Ⅳ知能検査では、言語理解が平均であるものの、知覚推理とワーキングメモリー、処理速度で困難さが感じられました。WAVESからは、目と手の協応や視知覚の弱さも認められました。さらに、3年生時には、小学生の読み書きスクリーニング検査[*3]を実施しました。その結果、漢字の習得率は良好だったものの、拗音とカタカナの一部で読み書きの間違いや、想起するのに時間がかかることが分かりました。

　ワーキングメモリーの弱さから会話を記憶しきれないこと、場に応じた会話や相手の気持ちを考えた会話は難しい様子があるものの、穏やかな性格から対人関係の課題は目立たなくなりました。他方、実態把握調査の結果からは、読み書きの困難さが顕著でした。加えて、在籍校内の支援会議では、定規を使ったり作図をしたりすること、筆算のケアレスミスなども課題として挙がりました。

3．指導の実際

【指導目標】
・正しい姿勢を保持した状態で目と手の協応を促し、課題を遂行する。

*1　学年が上がることで、実態や課題が変わります。個別の指導計画を基に在籍校と共通理解を図ります。

*2　Wide-range Assessment of Vision-related Essential Skills。主として小学校1年生から6年生までの子供の視覚関連基礎スキルを評価する検査。

*3　実際の読み書きについて把握します。特にカタカナと1、2年生の漢字は、3年生以降の漢字を書く際の手掛かりになります。

・平仮名の拗音やカタカナ、学年相応の漢字を8割以上書く。

(1) 指導内容と課題の設定

　見ることについては、WAVESの教材である「はじめてのトレーニングドリル」を活用しました。パソコンのマウスが使えるようになった3年生後半からは、学習ソフト「しっかり見よう」に取り組みました。パソコンへの興味・関心が高いこと、レベルアップが数値で示され自己評価できたことから、集中して取り組み、対象物を目だけで追えるようになりました[*4]。

　同時期、教科学習場面では、定規を使って作図をすることが課題となっていたため、定規の使い方についてイラスト入りの手順表を作りました。手順表を活用することで、定規の使い方が上手になりました[*5]。文字を書くことと線を引くことは、課題としては違って見えても、「対象を正しく捉えて書く」という点では同じです。現時点での困っていることに合わせて、通級の指導内容は柔軟に変えました。

　聞くことについては、音に注意を払う学習が読み能力の向上につながること、Aさんの生活上で困っていることに直結することから、課題として取り扱いました。聞き取りワークを活用し、短い文や選択式で回答するレベルから、3分程度の講話をメモしながら聞くレベルまで取り組めるようになりました。

　読むことについては、MIM[*6]のことば絵カードを活用し、苦手なカタカナや拗音は、フラッシュカードとプリントを併用しました[*7]。教科書の音読では、あえて予習教材を取り上げました。中でも、カタカナが頻出する教材を選択し、①文節ごとにスラッシュを入れる、②指さしをする、③自作の読字ガイドを使う、④拡大した教科書の全てを試しました。Aさんは指さしを選んだので、教室で指さしができる環境を学級担任に依頼しました。

　書くことについては、不器用であったため、書くスピードをレベル1（自分が読めればよい程度）からレベル3（ゆっくり丁寧に）までを設定して取り組みました。また、学級では、連絡帳を確実に書けるようホワイトボードに書いて残してもらうこと、自主学習ノートはAさんに合ったものにすることとしました[*8]。

　漢字の読み書きについては、記憶のしやすい方法をAさんと確認しながら進めました。似た意味や字形の漢字（右と左など）を読み間違えるため、指示した手を挙げるなどの動作化を取り入れました。また、同音異字（詩、紙、止など）は、熟語を作って意味を考えるなど、言語理解の高さを生かした支援をしました。

[*4] 視覚支援の教材が豊富にあることや、子供の興味・関心を引きやすいことから、パソコンやタブレット端末などのICT機器は積極的に導入したいところです。

[*5] 般化を促すために、作成した手順表や手順カードは、家庭や学校にも渡します。

[*6] 読みのアセスメント・指導パッケージ。特殊音節などを含む語を流暢に読めることを目指します。

[*7] 市販の教材を取り入れたり、アレンジしたりすることで、一から教材作成をする負担感を減らすことが可能です。

[*8] 本人が努力することと、環境を改善することの両方の視点が大切です。

(2) 子供の変容

Aさんは、ポイントを教えて練習することで、要点を踏まえた話し方や聞き方ができるようになりました。パターン化された課題は、習得しやすかった様子です。

また、自分から漢字の構成や細部の違いに気づいて、書くようになりました。このことは、2年生までの漢字やカタカナの復習にもつながりました。他方、習った直後の漢字は9割以上の定着率だったものの、2か月前に習った漢字は、細部の間違いがいくつかあり、今後の課題です。

行動面では、注意喚起するカード（左手で押さえる、鉛筆を置いて消す等）をAさんが好きなキャラクターを添えて作成し、筆箱に入れました。言語指示でなく視覚的に示すことで、注意されることが減りました。さらに、A4サイズの姿勢カードは、学級でも同じものを同じ使い方で活用してもらい、Aさんを含めた学級全体に有効でした[*9]。

4．事例を振り返って

通級指導教室は、「学び方を学ぶ場所」であり、家庭や在籍校との連携が欠かせません。授業参観や在籍校内の支援会議を通して、それぞれの場で何に取り組むか共通理解し、優先順位を決めて取り組むことが大切になります。その際、個別の指導計画は欠かせないツールとなります。Aさんの在籍校は、座席の配慮や朝学習の時間帯に取り出しの音読指導をするなど、全校の協力体制が整っている学校でした。そのため、Aさんの指導や支援の対応についても円滑に進めることができました。

通級の様子は、タブレット端末で記録して自己評価に活用することがありますが、自分で評価し目標をもたせることも、通級指導教室では必要なことと考えます。

[*9] 周囲の子供がモデルになることで、該当児童も学級の中で学ぶことができます。

【引用・参考文献】

宇野彰・春原則子・金子真人・Taeko N.Wydell（2006）小学生の読み書きスクリーニング検査：発達性読み書き障害（発達性dyslexia）検出のために．インテルナ出版．

海津亜希子（2010）多層指導モデルMIM読みのアセスメント・指導パッケージ：つまずきのある読みを流暢な読みへ．学研教育みらい．

笹田哲（2018）医療との連携（第63回）字を書く"動き"に焦点をあてた書字支援．LD, ADHD & ASD, 2018年4月号．

竹田契一・北出勝也監修（2005）特別支援教育ソフトウェアvol.1「しっかり見よう」．理学館．

事例 32 気づきにくい困難さに向き合い、自己理解を深める指導

こんな悩みのある方に・・・

悩み 9 保護者や医療・福祉等の関係機関と連携して自立活動の個別の指導計画を作成するには、どうすればよいのでしょうか。

悩み 10 子供の困難の背景にある要因を、どのように見極めたらよいのでしょうか。

悩み 22 心身の状態が不安定な子供の自立活動の指導は、どのように行えばよいのでしょうか。

悩み 25 子供の願いや得意な面を生かした指導は、どのように考えればよいのでしょうか。

この事例から学んでほしいこと

　発達障害や心身症等の子供にとって「自己理解」は欠かせないものと考えています。特に社会へとつながる高等部の生徒にとっては、自己理解が不十分な場合、すぐ仕事を辞めたり、ひきこもりの原因になったりすることが多くあります。子供の実態によっては、一緒に自立活動の内容を考えることができます。本人と保護者と医療で連携し、アセスメントから、自分の得意・不得意を知り、視覚認知の面からアプローチした事例を紹介します。

対象の子供の実態

　Aさんは特別支援学校（病弱）高等部3年生です。知的に高く大学進学を希望していました。小学校から摂食障害で入退院を繰り返した後、高校は進学校に合格しましたが、部活内で一方的な攻撃に遭い、不登校、適応障害の診断で転学してきました。かなりの不器用さと、数学の図形は苦手など発達の偏りがあります。主治医からは「福祉就労で手帳が必要なら診断をつけるレベル」といわれています。Aさんは、自分が何者なのか幼少期から悩み、自分に自信をもてない状況にいました。

1．自分に向き合う時間

　Aさんが高等部3年生の時、週2時間の自立活動の指導のうち1時間を担当することになりました。大学受験に向けての不安等を聞くカウンセリング的活動[*1]を行う中で、小・中学校の頃から抱えていた悩みを話し始めます。学習がよくできて生徒会長として先頭に立つ姿は外面の自分で、本当は、はさみもうまく使えず折り紙も折れず、バレーボールも空振りする極度の不器用な自分であること。中学校当時の職場体験で包装ができず叱責されたトラウマや、「発達障害グレーゾーン[*2]」ではなく診断がほしい、見て分かる障害がいい、いつも足を切りたい衝動に駆られるなど、自分が何者なのか悩み続けてきたそうです。なぜ自分はできないことがあり、摂食障害や適応障害、不登校そして転学しなければならなかったのかを知りたいと話しました。

　その頃、オープンキャンパスに出かけた東京駅で迷子になり、パニックになったエピソードを聞きます。標識が読めない、スマートフォンで地図が読み取れない、周りの状況把握ができない等の状況から、「見え方に課題があるのではないか」と捉え、実態把握をしてみました。

2．視覚機能問題の気づき

　追従性運動[*3]と跳躍性運動[*4]は平均域、両眼視機能[*5]の寄り目もできましたが、見本通りに図形を描く視空間認知[*6]に時間がかかり、その図形を90度回転する課題は全く描けませんでした。眼球運動[*7]で、左目のみが左に止まったまま動かない、または正中に留まる、という動きの弱さが見られました（図）。本人も左目が動かないことに気づき、驚いていました。眼球運動と視空間認知機能の問題と運動面の苦手さは、目の動きのぎこちなさからくるものと考えられました。さらに、見たものを自分の身体に反映させる力と視覚的想像力のイメージ不足、見える範囲の狭さと視界の使いにくさも考えられました。ビジョントレーニング[*8]を参考にして目を滑らかに動かす学習を開始しました。

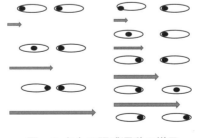

図　Aさんの眼球運動の様子

3．指導の実際

　自立活動の時間には、眼球運動を行った後、一人暮らしを想定

[*1] 担当する教師はカウンセラーではないので、話をしたり聞いたりする時間は「カウンセリング的活動」と呼んでいます。当高等部では、「今までの自分 これからの自分」と題して論文にまとめる活動を行います。県の弁論大会に出場する生徒もいます。

[*2] 「発達障害」という医師の診断がないのですが、発達障害の特性がまったく見受けられない状態ではありませんでした。

[*3] 物を眼で追う時の眼球運動のことです。ここでは、英字を一文字ずつ縦横に読み上げ、計測しました。

[*4] 物から物へ視点を飛ばす時の眼球運動のことです。ここでは、ランダムに配置された英字を指で触れながら読み上げ、計測しました。

[*5] 両眼を中央に寄せたり左右に開いたり、ものに視点を合わせます。「ブロックストリングス」でも代用できます。

[*6] 眼で見たものの色や形、向き、位置などを正確に認知する機能のことです。

[*7] ペンを2本40cm幅くらいに持ち、1秒ごとに視点を左右、上下、斜め方向に動かしたり、1本のペン先を右から左、上から下、斜め、一周方向にゆっくり動かしたり、という運動です。YouTubeでも公開されています。

[*8] 北出勝也氏（米国オプトメトリスト）が、神戸で始めた視覚のトレーニングのことです。

して困りそうな場面を考えたり、受験科目の小論文における思考の偏りを修正したりしました。また、アッケンバック実証に基づく評価システム*9から、母と本人が同じような思考をしていることに着目し、母親と面談の機会を設けました。そこで、幼少期に片目で読書をしていたこと、極度の車酔いがあること、左目のみ眼振があると指摘されたことがあったというエピソードを聞きました。左目の筋力の弱さがあることを伝えると、母親は「それが原因かも」と納得され、専門家による検査を希望したため、オプトメトリスト*10を紹介しました。検査の結果、目の動きのぎこちなさ、判断回路の方向の問題による向きと方向の困難さと、空間認知の困難さがあることを指摘されました。眼球運動の他、各種体操やパスル等の取組を勧められ、卒業時まで継続して取り組むことにしました。

　自分が何者なのかという悩みを受け、自己理解のための客観的な理解が必要であると考え、WISC-Ⅳ知能検査とDN-CAS認知評価システム*11の心理検査をすることにします。実施については、主治医と連携し、「頭のいい子なので、そのような数値での理解は有効だと思われる」と了解を得ました。保護者も、前回の検査から期間も開いているのでぜひお願いしたいとのことでした。Aさんは検査時18歳を超えていました。そのため、両検査は参考値として、本人と保護者に提示しました。

　検査の相関から、「視覚提示が複雑だと何から情報を得るか取捨選択できず混乱する」という、正に東京駅でのパニックが想起されました。視空間認知の弱さはありましたが、時間があれば課題を遂行できると思われ、早め早めの行動を心掛けることや、言葉の力と継次処理*12の強さを活かし、繰り返したり意味付けして覚えたり、パソコンやスマートフォンの写真機能を活用すること、物事を順番に行っていくとよいことなどを伝えました。空間認知は弱いけれども、視覚認知を鍛えていこうと本人と決め、自立活動の時間と家庭で眼球運動等のビジョントレーニング運動を続け、各運動の数値は向上していきました。

　私立大学推薦入試の面接では、「なぜ特別支援学校なのですか」という質問に涙で答えられず失敗しました。想定していたとはいえ、隠したかったことを衝かれ、フラッシュバックが起きたそうです。2校目の受験前に、質問に対し取り繕わず正直に話し、割り切って答える練習をしました。また、高等部卒業生から就職面接について聞く機会を作りました。その先輩から、『苦手なこと、障害については全て正直に話し、自分はASP*13の「こだわりが

*9　ASEBA(Achenbach System of Empirically Based Assessment)：アメリカの心理学者が開発した心理社会的適応/不適応状態を包括的に評価するシステムのことです。本人、保護者、教師が評価することが可能で、子供のストレスを測定するツールの一つです。

*10　検眼士のことです。海外では、視覚機能の専門知識をもち、トレーニング指導ができる人をオプトメトリストと呼びます。日本では資格制度や養成機関がまだないそうです。

*11　DN-CAS認知評価システム(DAS-NAGLIERI Cognitive Assessment System)日本科学社　プランニング、同時処理、注意、継次処理の4つの認知機能の評価ができる心理検査のことです。

*12　複数の情報を特定の系列順序で統合する心的過程のことです。一つ一つ順序よく処理していく力です。

*13　Asperger's Disorder：アスペルガー障害。現在は「自閉症スペクトラム障害」にまとめられます。知的に遅れがなく、社会性とコミュニケーションの困難と興味や活動の偏りがあるといわれています。

あり、気に入ったことは、のめりこんで集中できる」特性アピールをしたこと、「特別支援学校」は、自分の得意なことを伸ばしてくれたので入学してよかったし、学校での経験はプラスになっていると答えたこと、就職面接で何社も落とされたけれど、自分を分かってくれる会社が採用してくれた』という話を聞きました。Aさんも面接で全てを話すと決めたことで落ち着いて臨み、2校目に合格しました。

今まで自分について悩んでいたけれど、自分について知り、ありのままに他者に伝える活動や、眼の動きの問題と客観的に考えられたことから、「原因が分かったことで、自己肯定感が上がった」とAさんは言っています。3月に再度アッケンバック実証に基づく評価システムを実施し、全ての項目が臨床域以下になり、うつ尺度が下がったことも実証されました。

4．事例を振り返って

高等部3年生という時期に、自己理解と自己選択、自己決定が効果的な事例だったと思われます。Aさんは大学入学後も眼球運動の自主トレをしているそうです。迷うと思われる新しい場所には、電柱の看板などの目印を頼りに早めに行動しているそうです。しかし、最初のアルバイトで接客業を選び失敗します。「うまくいかない」と自分で抱え込み、摂食症状も出たようです。「アルバイトなのだから失敗して辞めてもいい」と考え方のアドバイスをしました。現在も継続して相談にのるようにしています。

LDの読み書き障害や発達性協調運動障害[*14]、視覚認知に困難のある子供については、眼科の受診だけでは見つけにくく、担任の気づきによるものが大きいようです。教室で静かに困り、次第に点数が取れずに不登校や心身症という二次障害になる前に、専門機関につなげることは大切だと思います。

現在、発達障害通級指導教室の担当ですが、通級してくる子供の中にも眼球運動の課題をもっている子供が多くいます。書いた文字がマスに収まらない、読みの困難がある、ボールがとれない、作図が苦手等の困難さが見受けられた時には、視覚に関する課題の有無を確認する、という視点は大切だと思います。

[*14] 体の動きがぎこちなく、スポーツや手先の不器用さがあるといわれています。

【引用・参考文献】
北出勝也（2012）1日5分！大人のビジョントレーニング．講談社．
北出勝也（2015）発達の気になる子の学習・運動が楽しくなるビジョントレーニング．ナツメ社．
文部科学省（2012）通常の学級に在籍する発達障害の可能性のある特別な教育的支援を必要とする児童生徒に関する調査結果について．

コラム③ 自立活動の指導に悩む先生方へ
自立活動の研修に関する情報提供 ―茨城県の取組―

　平成29年3月に告示された小学校・中学校学習指導要領には、障害のある児童生徒の指導に当たって自立活動を取り入れることが新たに明示されました。自立活動の指導の充実がますます求められる今日において、各教育委員会は自立活動に関する研修を実施するほか、研究事業を立ち上げるなど、幅広い取組を行っています。本稿では、自立活動に関する研修について、茨城県を例に挙げて紹介します。

1．自立活動に関する研修の位置付け

　自立活動に関する内容は、教育職員免許法上には明確な規定がありません。このことから、教員養成大学では、名称に自立活動を冠する科目を開設する大学は多くはありません（安藤，2015）。多くは、特別支援教育に関わる第二欄や第三欄の各科目の一部として、その内容を取り上げることが現状であると思われます。このことから、自立活動に関する専門性を修得するためには現職研修が重要な役割を担っていることが分かります。例えば校外研修では、初任者研修をはじめとする悉皆研修の中で、「自立活動の意義」などの基礎理論が取り上げられています。校内研修では、授業過程で直面した課題について当事者である教師が個人あるいは集団で解決するため、授業研究や、外部専門家の招聘による講義・演習を通して研鑽されます（安藤，2015）。

2．茨城県教育委員会事業「自立活動指導力向上研修会」の取組

　茨城県教育委員会では、特別支援教育関連事業の一つとして、平成28年度より「特別支援学校自立活動指導力向上研修会」及び「小・中学校等自立活動指導力向上研修会」を実施しています。「特別支援学校自立活動指導力向上研修会」は、教員の専門性を高めるための校内研修の充実を図るものとして位置付けており、外部専門家との効果的な連携によって、障害の重度重複化、多様化に対応した指導内容・方法の改善に取り組んでいます。また、特別支援学校のセンター的機能の充実や強化を図るための校内研修の充実、複数の特別支援学校の連携による地域のニーズへの対応も掲げています。「小・中学校等自立活動指導力向上研修会」は、小・中学校等における特別支援教育の充実を目指して、特別支援学級・通級指導教室における指導の充実を図るものとして位置付けています。障害の状態等に応じた指導内容・方法の工夫・改善として個別の指導計画の有効な活用、合理的配慮の決定・提供、自立活動、教科等を合わせた指導の充実を挙げています。

　これらの事業では、特別支援学校教員だけでなく小・中学校等教員の参加による自立活動に関わる講義や実践発表が行われており、新学習指導要領の告示に先駆けた取組として注目できます。なお茨城県教育委員会では、これ以前から特別支援学級における授業の充実を図る取組が行われています（平成23～24年度・平成25～26年度）。

3．茨城県教育研修センター事業「障害の状態に応じた自立活動の指導の在り方」

茨城県教育研修センターは、「障害の状態に応じた自立活動の指導の在り方（平成29～平成30年度）」に取り組んでいます。8名の研究協力員（小学校4名、中学校2名、特別支援学校2名）が中心となり、平成29年度は4回の研究協議会を実施しました。特に、各教科等の授業における困難に対して、自立活動の指導を通して効果的にアプローチする方法に焦点が当てられました。

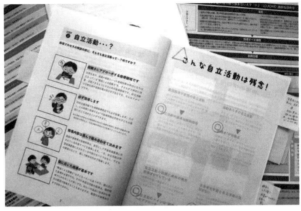

写真 「自立活動の指導プロセス解説（すんなり自立活動）」

この取組では学習指導要領の改訂のポイントに注目し、研究助言を受けながら各研究協力員が指導実践を深めるという構成で実施しています。研究助言者である筑波大学安藤隆男教授からは、新学習指導要領における個別の指導計画作成に関して「指導すべき課題を明確にすること」の規定が加わったことから、「課題」の捉え方に注目した助言がなされました。これらの研究成果として、自立活動の指導における指導計画の作成から評価までの一連のプロセスを解説した「自立活動の指導プロセス解説（すんなり自立活動）」と「自立活動実践実例集」が作成されています（写真）。

茨城県教育研修センターの取組から、インクルーシブ教育の充実を念頭に置いた取組が実施され、成果物として貴重な資料が提供されていることが分かります。他の教育委員会の取組においても、ホームページから入手可能な資料が多く閲覧でき、悩みを解決する手立てとして活用できると考えられます。

兵庫教育大学　内海　友加利

【引用・参考文献】

安藤隆男（2015）自立活動の専門性の確保において現職研修が必要な背景．全国心身障害児福祉財団（編）新重複障害教育実践ハンドブック．社会福祉法人全国心身障害児福祉財団．199-213．

茨城県教育委員会（2018）平成30年度学校教育指導方針．
　http://www.edu.pref.ibaraki.jp/board/gakkou/shochu/gakuryoku/shido/h30/index.html（2018年6月25日閲覧）
　http://www.center.ibk.ed.jp/index.php?page_id=197（2018年6月25日閲覧）

茨城県教育研修センター（2018）第4回研究協議会．平成29年度教育研究に関する事業（特別支援教育に関する研究）資料
　http://www.center.ibk.ed.jp/?action=common_download_main&upload_id=3384（2019年4月5日閲覧）

茨城県教育研修センター（2019）特別支援教育に関する研究「児童生徒の障害等に応じた自立活動の指導の在り方」．平成30年度研究発表会資料．
　http://www.center.ibk.ed.jp/?action=common_download_main&upload_id=4655（2019年4月5日閲覧）

コラム④ 自立活動の指導に悩む先生方へ

自立活動に関する研究の紹介

　自立活動は 1999 年に成立し、今日に至るまで教育実践や研究成果が積み上げられてきました。本稿では自立活動に関する研究について、これまでの動向を踏まえ、実践的な研究を紹介します。

1．自立活動に関する研究の動向

　国立情報学研究所による日本の論文検索データベース CiNii により、「自立活動」をキーワードとして論文を検索したところ 631 件が、「個別の指導計画」をキーワードとする論文は 452 件が、それぞれ抽出されました（2018 年 5 月時点）。抽出された論文には、学術団体機関誌や大学研究紀要等の学術論文をはじめ、特別支援教育に関する商業誌等（例えば、『特別支援教育』東洋館出版社）に実践研究が紹介されるほか、都道府県教育委員会等の研究報告書があります。自立活動が成立して間もない 2000 年代前半には、養護・訓練から自立活動への改訂に関する特集が組まれたり（例えば、『肢体不自由教育』147 号）、自立活動の理念（安藤・藤井ら，2001）や課題（佐藤，2001）に関する論文が複数認められました。実践研究論文は特殊教育諸学校や特別支援学校を中心として展開されてきましたが、近年では特別支援学級や通級による指導、通常の学級の児童生徒を対象とした論文も増えてきています。そこで、ここでは小学校における実践研究論文 1 編について紹介します。

2．小学校通常学級における個別の指導計画の作成・活用

　池田・安藤（2017）は、小学校通常学級に在籍する脳性まひ児の自立活動の指導について、担任教師、特別支援学校教師、小学校の特別支援教育コーディネーターがそれぞれの役割に基づいて協働しながら個別の指導計画を作成した実践研究です。対象児童は脳性まひによる下肢運動障害を有する 1 年生男児であり、移動は独歩（クラッチ及び両足装具使用）でした。学校生活で介助員はついておらず、介助が必要な階段の昇降等は担任教師、母親、特別支援学級の教師が行っていました。

　個別の指導計画作成に当たっては、個人の全体像を視覚的に把握する方法として有効である（長田，2008）ことから、KJ 法を参考にしたカード整理法による実態把握を行いました（手続きは事例 1 を参照）。実態把握に基づき、対象校の様式を用いて個別の指導計画を作成しました。個別の指導計画に係る作業は全て担任教師及び特別支援学校教師が行いました。

　個別の指導計画作成に係る一連の手続きに対する担任教師の語りによると、カード整理法による実態把握は、複数教師で話し合いながら対象児の実態を捉えることから、作業が自身の学びとなったこと、保護者とのやりとりに活用できる点などを利点として挙げています。一方で、作業時間がかかることや複数教師で集まる機会を設定することが、日常的に取り組む難しさとして指摘されました。個別の指導計画の作成については、カード整理法による実態把握の手続きを踏まえたことから、指導の見通しがもてたこと、教科等の授業実践に反映できたことなどが挙げられました。また、対象児童の変化として、個別の指導計画に基づき担任教師、特別支援教育コーディネーター、特別

支援学校教師が丁寧な取組を続けた結果、階段の昇降が自力で可能となったり、それまで苦手としていたスポーツに積極的に参加するようになったりと、学校生活での変容が確認できました。

　この実践の意義として、論文では次の3点を考察しています。第一に、個別の指導計画作成に関わる学校組織体制の整備についてです。作成手続きを提案、実施することにより、個別の指導計画の作成経験がなかった担任教師にとって児童の学習上・生活上の課題を視覚的に把握し、指導の見通しをもつことにつながったと指摘しています。第二に、小学校通常学級の担任教師と特別支援学校教師の役割に基づいた協働体制についてです。本研究では、専門的な知識を有する特別支援学校教師と対話することで課題間の関連の整理や指導方針が検討され、担任教師が気づかなかった視点（身体の使い方など）の情報が提供されるなど、外部専門家としての特別支援学校教師との協働による成果が認められました。第三に、特別支援学校のセンター的機能についてです。通常学校に対する個別の指導計画作成や活用に関する支援の重要性を明らかにしたことから、この研究の成果は、今後の特別支援学校のセンター的機能の充実に資することを示唆するものです。

　今後、さらに自立活動の指導や個別の指導計画に関する実践、研究が広く求められるといえます。これまでの研究成果を教育実践に活かしたり、教育実践から見える事象を研究として発信していくことが重要であると考えられます。

兵庫教育大学　内海　友加利

【引用・参考文献】
安藤隆男・藤井和子・赤澤信一・安楽孝幸・及川俊広・小田理絵・菅野るりこ・北川貴章・小林郁恵・櫻井史朗・関原一成・野尻容子・長谷川紘・八木橋道子・吉沢明子・中村均（2001）自立活動の理念と実践．上越教育大学障害児教育実践センター紀要 7, 37-50.
池田彩乃・安藤隆男（2017）特別支援学校との協働に基づいた小学校通常学級に在籍する脳性まひ児に対する個別の指導計画の作成—センター的機能を活用して—．障害科学研究, 41, 209-219.
長田実（2008）「個別の指導計画」の作成と実践．筑波大学附属桐が丘特別支援学校（編), 肢体不自由教育の理念と実践. ジアース教育新社, 97-104.
佐藤暁（2001）自立活動をめぐる諸問題—肢体不自由児教育を中心に—．岡山大学教育実践総合センター紀要 (1), 31-37.

キーワード索引

＊キーワード索引では、代表的な事例を挙げています。

（　）内の数字は掲載ページ

あ	安全・安心	事例 11 (82)
	医療的ケア	事例 3 (50)　事例 19 (114)
	運動・動作	事例 9 (74)
	オブジェクトキュー	事例 23 (130)
	折り合いをつける	事例 11 (82)
か	カード整理法	事例 1 (42)
	会議設定	事例 2 (46)
	外部専門家	事例 27 (146)
	各教科等を合わせた指導	事例 4 (54)　事例 6 (62)
	課題の抽出	事例 1 (42)
	感覚過敏	事例 16 (102)　事例 20 (118)
	環境の把握	事例 29 (154)
	感情の共有	事例 23 (130)
	教育相談	事例 22 (126)　事例 26 (142)
	教科指導	事例 5 (58)
	教師の専門性	事例 25 (138)
	「共遊」と「対話」	事例 28 (150)
	クラッチ歩行	事例 9 (74)
	系統立てた学習	事例 15 (98)
	口腔運動機能	事例 6 (62)
	交流学級	事例 30 (158)
	子供の強み	事例 29 (154)

か	個別の指導計画	事例 1 (42)　事例 2 (46)　事例 14 (94)　事例 21 (122)　事例 24 (134)　事例 25 (138)
	コミュニケーション	事例 7 (66)　事例 21 (122)　事例 22 (126)　事例 23 (130)　事例 27 (146)
	コミュニケーションブック	事例 21 (122)　事例 27 (146)
さ	座位姿勢の安定	事例 8 (70)
	在籍学級担任	事例 24 (134)
	在籍校	事例 24 (134)　事例 28 (150)　事例 31 (162)
	作業学習	事例 4 (54)
	支援体制づくり	事例 24 (134)
	視覚機能	事例 32 (166)
	自己評価	事例 18 (110)
	自己理解	事例 18 (110)　事例 32 (166)
	自傷・他害	事例 11 (82)
	姿勢	事例 9 (74)
	実態把握図	事例 1 (42)　事例 7 (66)　事例 8 (70)　事例 10 (78)
	指導と評価の一体化	事例 6 (62)
	社会生活への広がり	事例 15 (98)
	重度重複障害	事例 8 (70)　事例 12 (86)　事例 14 (94)　事例 19 (114)　事例 20 (118)
	重複障害学級	事例 3 (50)　事例 27 (146)

さ	授業改善	事例3 (50)
	主体的な学び	事例13 (90) 事例18 (110) 事例28 (150)
	情緒の安定	事例17 (106)
	情報共有	事例2 (46) 事例3 (50)
	情報処理の向上	事例17 (106)
	触覚防衛反応	事例7 (66) 事例20 (118)
	身体接触	事例13 (90)
	身体の動き	事例7 (66) 事例9 (74) 事例13 (90)
	スイッチ	事例22 (126)
	摂食機能	事例6 (62) 事例21 (122)
	前庭感覚	事例16 (102)
	線の指導	事例12 (86)
た	タブレット端末	事例10 (78)
	通級による指導	事例24 (134) 事例25 (138) 事例28 (150)
		事例31 (162)
	ティーム・アプローチ	事例2 (46) 事例14 (94)
	ティーム・ティーチング	事例3 (50) 事例19 (114)
	低覚醒	事例16 (102)
	定時排泄指導	事例12 (86)
	適切なふるまいの獲得	事例11 (82)
	特別支援学級	事例29 (154) 事例30 (158)
	特別支援学校のセンター的機能	事例26 (142)

な	日常生活の指導（食事）	事例6 (62)
	入力コントロール	事例4 (54)
は	排泄行動の形成	事例12 (86)
	排尿のメカニズム	事例12 (86)
	不登校	事例26 (142) 事例32 (166)
	訪問教育	事例20 (118)
	歩行指導	事例15 (98)
ま	身振りサイン	事例21 (122) 事例23 (130)
	見る力	事例17 (106) 事例31 (162)
	盲ろう	事例23 (130)
や	揺さぶり	事例11 (82)
	読み書き	事例5 (58) 事例28 (150) 事例30 (158)
		事例31 (162)
わ	ワーキングメモリー	事例5 (58) 事例31 (162)
A〜Z	AAC	事例22 (127)
	DN-CAS認知評価システム	事例32 (166)
	ICT（機器）	事例10 (78)
	OJT	事例27 (146)
	VOCA	事例20 (118)
	WISC-Ⅲ知能検査 WISC-Ⅳ知能検査	事例5 (58) 事例31 (162) 事例32 (166)

あとがき

　小学校、中学校及び高等学校等における特別支援教育体制は、2007（平成19）年4月の特別支援教育制度へと転換して以降、着実に整備が進められています。インクルーシブ教育の理念の浸透も相まって、小・中学校の特別支援学級及び通級による指導の対象者は、増加の一途を辿っています。また、2018（平成30）年度の高等学校への通級による指導の導入は、後期中等教育段階における特別支援教育への社会の関心を高めることとなりました。

　このように対象や場の拡大は、小学校等における特別支援教育の質をいかに確保するかという問題を、私たちに提起するものです。2012（平成24）年7月、中央教育審議会「特別支援教育の在り方に関する特別委員会」は、「共生社会の形成に向けたインクルーシブ教育システム構築のための特別支援教育の推進（報告）」をとりまとめました。インクルーシブ教育システムにおいては、障害がある者と障害がない者とが同じ場で共に学ぶことを追求するとともに、個別の教育的ニーズのある子供に対して、その時点で教育的ニーズに最も的確に応える指導を提供することの重要性から、連続性のある「多様な学びの場」の用意の必要性を指摘しました。連続性のある「多様な学びの場」を確保することは、翻って、一人一人の学びの質を問うものと理解できます。

　そのような中で、2017（平成29）年3月に小学校学習指導要領等が告示されました。障害のある子供の指導における「自立活動」導入の明記は、指導や学びの質の保証を意図するものです。「自立活動」は新たな役割を付与され、これまで自立活動の指導に係る専門性を培ってきた特別支援学校は、その成果の地域への発信が期待されるのです。

　本書は、特別支援教育に携わる教師や、特別支援教育を学ぶ学生の皆さんなどを対象に、自立活動に関わる具体的な事例を通して、自立活動の理解の深化と、自らの実践の課題解決のヒントを提供するために企画、刊行しました。実態把握やこれに基づく授業デザイン、そして授業における具体的なアプローチや評価など、自立活動の指導において求められる一連の過程に着目しつつ、「悩み」や「キーワード」を手がかりに、読者が事例を通して何を学ぶかが焦点化できるように工夫しました。本書が多くの方の自立活動の指導への関心・意欲、理解を深め、一人一人の子供の主体的な学びの充実に寄与し、結果として特別支援教育の質の確保につながるのであれば、編著者にとっては望外の喜びです。

　　　　　　　　　　　　　　　　　　　　　　　　筑波大学人間系　安藤　隆男

編著

北川　貴章	国立特別支援教育総合研究所主任研究員
安藤　隆男	筑波大学人間系教授

編集協力

藤井　和子	上越教育大学教授
渡辺　政治	さいたま市立さくら草特別支援学校教諭
尾﨑　　至	千葉県立桜が丘特別支援学校教頭
尾﨑美恵子	千葉県立大網白里特別支援学校教諭
三嶋　和也	千葉県立船橋夏見特別支援学校主幹教諭
内海友加利	兵庫教育大学助教

（2019年8月現在）

執筆者一覧

第1章
第1～3節
北川　貴章　　国立特別支援教育総合研究所主任研究員
第4節
安藤　隆男　　筑波大学人間系教授

第2章
事例1　　八柳　千穂　　茨城県立水戸特別支援学校教諭
事例2　　渡辺　政治　　さいたま市立さくら草特別支援学校教諭
事例3　　尾﨑　至　　　千葉県立桜が丘特別支援学校教頭
事例4　　安藤　隆男　　前掲
事例5　　尾﨑美恵子　　千葉県立大網白里特別支援学校教諭
事例6　　長谷川　哲　　新潟県立東新潟特別支援学校教諭
事例7　　長谷川　哲　　前掲
事例8　　杉林　寛仁　　筑波大学附属桐が丘特別支援学校教諭
事例9　　北川　貴章　　前掲
事例10　　杉林　寛仁　　前掲
事例11　　川上　康則　　東京都立矢口特別支援学校主任教諭
事例12　　安藤　隆男　　前掲
事例13　　池田　彩乃　　筑波大学附属桐が丘特別支援学校教諭
事例14　　櫻井　史朗　　宮城県立利府支援学校長
事例15　　髙田　拓輝　　千葉県立千葉盲学校教諭

事例16	川上　康則	前掲
事例17	阿部　晃久	千葉県立袖ケ浦特別支援学校教諭
事例18	村主　光子	筑波大学附属桐が丘特別支援学校教諭
事例19	尾﨑　至	前掲
事例20	原　優里乃	東京都立町田の丘学園主任教諭
事例21	吉川　知夫	国立特別支援教育総合研究所総括研究員
事例22	杉浦　徹	国立特別支援教育総合研究所総括研究員
事例23	星　祐子	国立特別支援教育総合研究所上席総括研究員
事例24	澤田キヨ子	新潟県柏崎市立柏崎小学校教諭
事例25	藤井　和子	上越教育大学教授
事例26	三嶋　和也	千葉県立船橋夏見特別支援学校主幹教諭
事例27	細川智佳子	東京都教育庁指導部特別支援教育指導課指導主事
事例28	滑川　典宏	国立特別支援教育総合研究所主任研究員
事例29	小田　理絵	新潟大学教育学部附属特別支援学校教諭
事例30	阿部　郁恵	新潟市立西特別支援学校教諭
事例31	石野　公子	新潟県上越市立南本町小学校教諭
事例32	土田　優子	新潟県柏崎市立大洲小学校教諭
コラム①	木村　豊	愛知県立三好特別支援学校長
コラム②	大竹　由子	埼玉県立大宮北特別支援学校教諭
コラム③	内海友加利	兵庫教育大学助教
コラム④	内海友加利	前掲

（2019年8月現在）

編著者紹介

北川　貴章（きたがわ　たかあき）

- 1976 年　　東京都新宿区に生まれる
- 1999 年　　大東文化大学文学部卒業
- 2002 年　　上越教育大学大学院学校教育研究科修了
- 現　在　　国立特別支援教育総合研究所・修士（教育学）
- 専　攻　　肢体不自由教育、自立活動、授業研究、教育課程
- 主な著書　肢体不自由のある子どもの教科指導Ｑ＆Ａ（ジアース教育新社）2008 年
  「わかる」授業のための手だて（ジアース教育新社）2011 年
  新重複障害教育実践ハンドブック（全国心身障害児福祉財団）2015 年
  肢体不自由教育実践授業力向上シリーズ No. 5 〜思考力・判断力・表現力を育む授業〜（ジアース教育新社）2017 年

安藤　隆男（あんどう　たかお）

- 1954 年　　茨城県水戸市に生まれる
- 1978 年　　東京教育大学教育学部卒業
- 1980 年　　筑波大学大学院教育研究科修了
- 現　在　　筑波大学人間系教授・博士（教育学）
- 専　攻　　特別支援教育学、肢体不自由教育学、自立活動論
- 主な著書　自立活動における個別の指導計画の理念と実践（川島書店）2001 年
  特別支援教育を創造するための教育学（明石書店）2009 年
  よくわかる肢体不自由教育（ミネルヴァ書房）2015 年
  改訂新版　特別支援教育基礎論（放送大学教育振興会）2015 年
  講座 特別支援教育3　特別支援教育の指導法［第2版］（教育出版）2016 年
  特別支援教育—共生社会の実現に向けて—（ミネルヴァ書房）2018 年

■ 表紙デザイン　宇都宮 政一

「自立活動の指導」のデザインと展開
－悩みを成長につなげる実践32－

2019年9月20日　初版第1刷発行
2020年9月20日　初版第2刷発行
2023年11月14日　初版第3刷発行

編　著　北川 貴章・安藤 隆男
発行人　加藤 勝博
発行所　株式会社ジアース教育新社
　　　　〒101-0054　東京都千代田区神田錦町1-23　宗保第2ビル
　　　　TEL：03-5282-7183　FAX：03-5282-7892
　　　　E-mail：info@kyoikushinsha.co.jp
　　　　URL：http//www.kyoikushinsha.co.jp/

DTP　株式会社彩流工房
印刷・製本　シナノ印刷株式会社

© Takaaki Kitagawa, Takao Ando 2019, Printed in Japan
ISBN978-4-86371-513-4

○定価は表紙に表示してあります。
○乱丁・落丁はお取り替えいたします。（禁無断転載）